# LES CONGÉS

# DE JEAN BODEL

PUBLIÉS

AVEC INTRODUCTION ET GLOSSAIRE

PAR

Gaston RAYNAUD

PARIS

1880

# LES CONGÉS
# DE JEAN BODEL

Extrait de la *Romania* IX, 216-247.

Tiré à 65 exemplaires, non mis dans le commerce.

# LES CONGÉS

# DE JEAN BODEL

PUBLIÉS

AVEC INTRODUCTION ET GLOSSAIRE

PAR

Gaston RAYNAUD

PARIS

1880

# LES CONGÉS DE JEAN BODEL.

I. — *Les Congés* de Jean Bodel, publiés pour la première fois par Méon [1], forment un petit poème de 492 vers intéressant au double point de vue historique et philologique. Ce poème, dont la langue et la versification méritent d'être étudiées, nous donne en outre sur son auteur et sur une partie de la société artésienne du commencement du XIIIe siècle de précieux renseignements.

Le peu que nous savons de la vie de Jean Bodel, c'est en effet dans les *Congés* que nous l'apprenons. Natif d'Arras, poète de profession, attaché peut-être au service de l'échevinage [2], Bodel était l'ami et surtout l'obligé des plus gros bourgeois de la ville. En 1205 il devait se croiser et partir pour la terre sainte ; son voyage était décidé, ses compagnons étaient choisis, mais au dernier moment il fut forcé de renoncer au pèlerinage. Atteint depuis longtemps déjà de la lèpre, et, malgré cette maladie [3] qu'il avait jusque-là *repuse* (v. 151), reçu et choyé encore par ses amis qui, nous dit-il (v. 60), le souffrirent

> Moitié sain et moitié pori,

Bodel fut contraint d'abandonner son projet et de laisser partir sans lui *Baude*, *Tumas*, *Waignet* et *Vaast Hukedeu*. Bientôt devenu un objet de répulsion pour tous, le poète lépreux, le *mesel*, dut même s'éloigner de la société des hommes et vivre à l'écart. Il demanda alors *congié* à ceux qui l'avaient toujours aimé et secouru, et leur adressa ses adieux dans le petit poème que nous publions ; c'était en même temps une occasion de se rappeler à la générosité de ses protecteurs et de

---

1. *Fabliaux et contes* (1808) I, 135-152.
2. Voy. v. 480.
3. Ne doit-on pas voir dans le v. 186 où Bodel nous parle de vivres gâtés, d'*enferme viande*, une allusion à la cause de sa maladie ?

réclamer auprès de la municipalité d'Arras la faveur d'être admis dans une des léproseries où elle avait droit de faire recevoir des malades. Bodel obtint-il ce qu'il voulait, et finit-il ses jours à Meulan ou à Beaurains[1] ? Cela est fort probable ; c'est du moins la meilleure manière d'expliquer l'allusion faite plus tard au *fief* de Jean Bodel par Baude Fastol, poète artésien lui aussi et lui aussi lépreux[2]. Comme Bodel, Baude Fastol remercie les échevins d'Arras, qui

> . . . . . ont trouvé un brief
> Ke je doi recevoir le fief
> Ki vient de par Jehan Bodel.

Ce *fief* était sans doute la place, le lit, comme on dirait de nos jours, qu'occupait Bodel dans une des léproseries citées plus haut et que Fastol, après la mort de son confrère, demandait à occuper à son tour. Malheureusement le lieu certain de la retraite de Jean Bodel et de Baude Fastol ne nous a été jusqu'ici révélé par aucun document. Il est singulier et triste en tout cas que sur les trois poèmes artésiens qui nous sont parvenus sous forme de *Congés*, deux soient conçus et composés dans les mêmes circonstances par des poètes affligés de la même maladie ; ajoutons que Fastol n'a fait qu'imiter Bodel. Adan de la Hale au contraire, l'auteur du troisième *Congé*[3], a écrit ses vers dans une tout autre situation de corps et d'esprit : en quittant sa ville natale pour suivre en Italie Robert d'Artois, c'est une apostrophe sanglante qu'il lance à

> . . . . . Aras, vile de plait
> Et de haïne et de detrait.

Dans les *Congés*, comme aussi dans une autre de ses œuvres, le *Jeu Saint Nicolas*[4], Bodel a le ton populaire et familier ; son langage pittoresque et fécond en locutions imagées emprunte souvent ses expressions au domaine du jeu et des cabarets ; l'idée est parfois difficile à comprendre, surtout lorsque le trouvère, comme dans certaines scènes du *Jeu Saint Nicolas,* fait parler l'argot à ses personnages. Tout autres sont la langue et le style de la *Chanson des Saisnes*[5], poème châtié et

---

1. Voy. v. 167.
2. Méon, *Fabliaux et contes* I, 119.
3. Méon, *Fabliaux et contes* I, 106-111, et Coussemaker, *Œuvres d'Adam de la Halle*, p. 275-279.
4. Publié par MM. Monmerqué et Fr. Michel dans le *Théâtre français au moyen âge* (1839), p. 162-207.
5. Publiée en 2 vol. (1839) par M. Fr. Michel d'après 3 mss. : le ms. de Sir Thomas Phillipps aujourd'hui à Cheltenham (anc. ms. Lacabane), le ms. de la Bibl. nat. fr. 368 (anc. 6985) et le ms. de l'Arsenal 3142 (anc. B. L. F. 175). Il faut ajouter à ces trois mss. un quatrième appartenant à la bibl. de l'université de Turin, que M. M. n'a connu que postérieurement et qui est de la même famille que le ms. Lacabane. M. M. a suivi dans son édition les leçons du ms. Lacabane et a mis en notes les variantes des deux autres jusqu'à la

correct, qu'on attribue ordinairement à Bodel. Cette attribution est-elle juste ? C'est là une question que nous ne voulons pas trancher aujourd'hui [1] d'une façon définitive, mais dont l'examen mérite attention. Constatons seulement que la langue de la *Chanson des Saisnes* semble moins archaïque, et que le vocalisme, tel qu'il ressort des rimes du poème, est souvent différent de celui que nous fournissent les rimes des *Congés* et du *Jeu Saint Nicolas* [2]. Ces raisons ont fait que, pour l'établissement du texte des *Congés*, nous nous sommes abstenu de tenir compte de la *Chanson des Saisnes* ; car ce poème, même s'il a pour auteur Jean Bodel, dont il porte le nom [3], a bien pu être remanié d'une façon grave.

Une question du même genre se pose au sujet de la paternité d'un certain nombre de fableaux. Jean Bodel est-il le même que Jean Bedel, le rimeur de fableaux, cité à la fin du *Sohait desvé* [4], et l'auteur probable des neuf pièces attribuées autrefois par contresens à Jean de Boves [5] ? La chose nous paraît assez vraisemblable [6], et le scribe du ms. de Berne [7] auquel est emprunté le fableau dont il s'agit n'est pas assez soigneux pour qu'on ne puisse le rendre responsable d'un changement d'*o* en *e*. Mais dans le doute, cette fois encore nous avons laissé de côté les fableaux, nous en tenant pour notre texte à la comparaison des rimes des *Congés* et du *Jeu de Saint Nicolas*.

Quant aux *Pastourelles* attribuées à Bodel [8], et qui sont bien certaine-

---

page 245 du tome I, où, remarquant une divergence entre les deux familles, il n'a plus donné jusqu'à la fin que le texte de son manuscrit. Il n'a pas vu que le parallélisme des deux familles ne cesse que pour un instant, et qu'à partir de la page 99 du tome II les variantes des autres mss. auraient pu être notées de nouveau.

1. Nous nous proposons de publier bientôt ce poème, d'après les quatre mss. connus.

2. C'est ainsi par exemple que la *Chanson des Saisnes* confond *aine* et *aigne*, qui sont toujours distincts dans les *Congés* ; *ou* se montre partout dans le poème aux rimes qui, dans les *Congés*, demandent *eu* (voy. ci-dessous, p. 229); nous avons encore relevé quelques autres divergences en étudiant plus loin la langue des *Congés*.

3. Le ms. Lacabane et le ms. fr. 368 ont la forme *Bordiaus*, ce qui pourrait bien être le vrai nom du poète. Comme nous l'avons déjà montré, l'*r* tombe facilement en picard devant la consonne suivante (*Ét. sur le dial. pic.* p. 97 ; cf. aussi W. Fœrster, *Li chev. as deus esp.* Introd. p. xlix) : la forme picarde *bodel* peut donc très bien représenter le français *bordel*.

4. Méon, *Nouveau recueil* I, 299.

5. Méon, *Fabl. et cont.* III, 197, et *Recueil des fabliaux*, p. p. A. de Montaiglon et G. Raynaud, I, 153.

6. C'est aussi l'opinion de M. Fr. Michel (*Théâtre français au moyen âge*, p. 669). Cf. *Hist. litt.*, XXIII, 115.

7. Ms. 354, fol. 100 v° à 102 v°.

8. Ces *Pastourelles*, qui nous ont été conservées par deux mss. de la Bibl. nat. (fr. 844 et 12615), sont au nombre de quatre et non de cinq, comme le veut M. P. Paris (*Hist. litt.* XX, 613-616) ; elles ont été publiées en dernier lieu par K. Bartsch, *Rom. et past.* p. 287-291.

ment son œuvre, nous ne les avons pas non plus utilisées : ces poésies, gracieuses et légères comme toutes celles du même genre, n'ont pour nous d'autre avantage que de fournir la date approximative de leur composition. Une allusion à certains troubles des Flandres au commencement du règne de Philippe-Auguste [1] nous reporte sans doute à l'année 1187, qui concorde parfaitement pour cette période de la vie de Bodel avec l'année 1205 dont nous avons parlé plus haut. Cette date de 1205 mérite d'être expliquée, et n'a pas toujours été admise par les biographes, qui ont fait de Bodel un poète du milieu et même de la seconde moitié du XIIIe siècle. C'était là l'opinion d'A. Dinaux [2] ; elle a été victorieusement réfutée par M. P. Paris, qui, invoquant en faveur de sa thèse la présence dans les *Congés d'Ansel de Biaumont* (v. 160) et de *Mahaut, dame de Tenremonde, avoeresse de Betune* (v. 463-465), a prouvé que la pièce n'est pas postérieure à 1205 [3]. Nous avons d'autre part la preuve qu'elle ne peut être antérieure à 1204.

Cette preuve, nous la trouvons dans le *Registre de la confrérie des jongleurs et bourgeois d'Arras*, conservé manuscrit à la Bibliothèque nationale de Paris (fonds fr. 8541, anc. suppl. fr. 5441), où sont mentionnés année par année depuis 1194, aux trois termes de la Purification, de la Pentecôte et de la Saint-Remi, les noms des nouveaux adhérents. Jean Bodel ne figure pas dans ce registre ; son entrée dans la *confrérie* remonte évidemment à une époque antérieure à 1194. Nous y voyons au contraire inscrit le nom de *Rabuin Raol*, à la date de 1204. Ce *Raol Rabuin* n'est autre que le *gentil maire*, traité de *confrere* (v. 231) par Bodel. Nous constatons ici que cette *confraternité* n'a pu exister qu'à partir de 1204 ; nous admettons de plus avec M. P. Paris que les *Congés* ne sont pas postérieurs à 1205 : la date de leur composition est donc bien fixée à l'année 1205.

II. *Personnages*. — Les noms propres sont nombreux dans les *Congés* de Bodel ; mais les personnages qu'ils désignent ont peu marqué dans l'histoire, et sauf quelques exceptions comme la dame de Tenremonde et Ansel de Beaumont, parent de Wibert et de Mahiu (v. 160 et 163), ce n'est guère que par hasard qu'on peut rencontrer dans les pièces d'archives les noms ignorés aujourd'hui des bourgeois d'Arras, amis de notre trouvère. Nous avons cependant parcouru avec soin tous les documents manuscrits ou imprimés où nous avions chance de trouver trace de ces noms, entre autres l'*Inventaire chronologique des chartes de la ville d'Arras* publié par M. Guesnon, dont l'édition n'a pas paru, mais dont

---

[1]. Voy. P. Paris, *Hist. litt.* XX, 616.
[2]. *Trouvères artésiens*, p. 260-261.
[3]. *Hist. litt.* XX, 610-611 et 795-796.

un exemplaire en bonnes feuilles a été mis gracieusement à notre disposition par M. Léopold Delisle ; malheureusement la plupart de ces documents se rapportent à des époques postérieures à celle qui nous intéresse. Deux volumes ont été principalement utilisés par nous : c'est d'abord le *Cartulaire de l'abbaye de Saint-Vaast d'Arras*, rédigé au xii⁰ siècle par Guimann, et publié par M. Van Drival, en 1875 ; ce volume donne pour la période comprise entre 1170 et 1192 les noms des tenanciers de l'abbaye (nous le désignons par *Cart.*). C'est en second lieu le *Registre, déjà indiqué, de la confrérie des jongleurs et bourgeois d'Arras ;* ce ms. fournit pour chaque nom une date précise (nous le représentons par *Reg.*).

A côté du nom de *Raol Ravuïn,* le *gentil maire* qui devait bientôt avoir pour successeur Belin, les noms les plus considérables cités par Bodel sont certainement ceux des Piédargent et des Locart, dont les familles étaient alors puissantes et riches. Les mentions de Piédargent sont fréquentes dans le *Registre* de 1194 à 1206 ; et le *Robert Piedargent* (v. 341, *Reg.* 1196) qui part pour la croisade apparaît dans le *Cartulaire* (p. 202) ; *Aliaume* (v. 315) figure dans le *Cartulaire* (p. 204). Quant à *Robert Locart* (v. 135) dont nous avons la mention en 1206 (Bibl. nat. ms. lat. 9930), nous le voyons payer à l'abbaye de Saint-Waast un cens de six deniers (*Cart.* p. 204). Trois Locart sont connus de Baude Fastol (*Cong.* v. 158-159) ; au commencement du xiv⁰ siècle (1313-1347) les noms répandus de Gilon, Sauvale, Adan et Englebert Louchart[1] montrent qu'encore à cette époque cette famille était des plus importantes.

D'autres bourgeois encore ont leur nom rappelé par Bodel. Ce sont pour la plupart des bienfaiteurs du poète, qui les remercie : *Henri le Noir* (v. 169, *Reg.* 1202), dont la famille resta célèbre (*Cart.* p. 201, 220 et 348) ; *Baude Wisternave* (v. 182), sans doute fort jeune en 1205 et mentionné en 1240 dans le *Registre* comme *non clericus ; Robert Werri* (v. 145), échevin entre 1170 et 1192 (*Cart.* p. 209) ; *Waast Hukedeu* (v. 99, *Reg.* 1194), qui partit pour la terre sainte ; *Waignet* (v. 421), qui lui aussi se croisa, peut-être le même que *Urso Caignès* (*Reg.* 1199) ; *Gerart d'Espaigne* (v. 388, *Reg.* 1205) ; *Robert Cosset* (v. 109, *Cart.* p. 210), dont *Mahiu* (v. 110) est sans doute le frère et Marguerite (*Reg.* 1203) la femme ; *Johan Bosket*, le *plus a main* à Bodel (v. 16), dont la femme est citée (*Reg.* 1237) ; les *al Dent* (v. 205 et 446, *Reg.* 1195, *Cart.* p. 201) et les *Vrediere* (v. 291 et 293, *Reg.* 1209. *Cong. de Baud. Fast.* v. 134-136), familles nombreuses dont nous retrouvons quelques membres épars.

---

1. *Observations sur l'échevinage de la ville d'Arras*, par C. de Wignacourt (1876), p. 133, 143 et 189.

Dans ses adieux, Bodel a soin de n'oublier ni les marchands, qui lui ont *fait maint bien*, Pieron Wasket (v. 220) et Simon Durant (v. 224), ni son médecin Jofroi (v. 302), qui sut si bien lui *roisnier et fendre la teste*, ni surtout les jongleurs et trouvères, ses confrères en poésie : Warin (v. 241), qui est appelé *li joglere* (Reg. 1204) et est peut-être le même que l'auteur d'un assez grand nombre de fableaux; Renaut de Biauvais (v. 409), dont Bodel fait un grand éloge ; Huon de Saint-Omer, castelain d'Arras (v. 194), qui devait se croiser bientôt; Bauduïn Fastol (v. 325) enfin, l'auteur futur des autres Congés, et qu'il ne faut pas confondre avec Baude, *qui tos autres canpions vaint* (v. 254). Ce dernier évidemment s'appelait Baude des Canpions et devait être de la famille de cet autre Baude Fastol des Canpions dont nous trouvons le nom en 1313[1]; le vers 254 des Congés n'est qu'un jeu de mots. C'est encore, croyons-nous, par un jeu de mots qu'on peut expliquer les v. 107-108, où Bodel nous dit à propos de croisade que le Sarrazin qu'il haïssait tant est mort; ce Sarrazin serait non pas un infidèle, mais un nommé Sarasin, peut-être Roger (Cart. p. 371), peut-être Tiebaut (Cart. p. 205), ennemi très chrétien de Bodel. Une dernière allusion faite à Bertel (v. 73) se rapporte, comme nous l'avons montré[2], non pas au trouvère Jean Bretel, mais à son père ou à son aïeul.

A tous ces noms ajoutons pour épuiser la liste du trouvère ceux que nous n'avons pu retrouver ailleurs : Simon Disier (v. 37), dont la bannière porte le nom de *Passe avant*; Bauduïn Sotemont (v. 51) ; Tiebaut de le Piere (v. 61), parent sans doute du trouvère Guilebert de le Piere et de Guillaume de le Piere (Cart. p. 210); Mahiu le Fort (v. 295), parent de Huon le Fort (Cart. p. 200) ; le Monoier (v. 397), sans doute Gerart le Monoier (homme de l'abbaye de Saint-Waast dans le Cart. p. 334) ; Waubert le Clerc (v. 373), de la même famille que Henri le Clerc (Reg. 1194) ; Nicole le Carpentier (v. 433), le compain de Bodel ; Wibert de le Sale (v. 89) ; Gerart Joie (v. 372), à propos duquel le poète fait un nouveau jeu de mots; Baude Bolart (v. 278) ; Berart (v. 265), et finalement le *castelain de Biaumés* (v. 124).

III. *Manuscrits*. — Les manuscrits des Congés[3] sont au nombre de sept : trois appartiennent à la Bibliothèque nationale de Paris, deux à la bibliothèque de l'Arsenal, le sixième à la bibliothèque de Bourgogne à Bruxelles, et le dernier à la bibliothèque de l'université de Turin.

---

1. *Ibid.* p. 133.
2. Voy. *Bibl. de l'Éc. des ch.*, XLI, 201-2.
3. Nous disons *les Congés* et non *le Congé*, car telle est la forme adoptée par le plus grand nombre de mss. Le ms. B a la mention de *les dis*, le ms. F *le dit;* le ms. E a l'incipit : *C'est li congiès*, et l'explicit : *le dit*.

Nous donnons une courte description de ces mss., que nous désignons ici et dans les variantes du texte par les sept premières lettres de l'alphabet.

A. — B. N. fr. 375 (anc. 6987) fol. 162 d à 163 d. Ms. sur vélin du XIII<sup>e</sup> siècle, qui présente des formes picardes et contient 41 strophes dans un ordre particulier. Ce ms. a servi de base à l'édition de Méon.

B. — Bibl. de l'Arsenal 3114 (anc. B. L. F. 60) fol. 1 a à 3 c. Ms. sur vélin, du XIII<sup>e</sup> siècle, qui n'a que 37 strophes dans un ordre nouveau. Ms. utilisé par Méon.

C. — Bibl. de l'Arsenal 3142 (anc. B. L. F. 175), fol. 227 a à 229 a. Ms. sur vélin du XIII<sup>e</sup> siècle, comptant 45 strophes, dont les quatre dernières sont ajoutées à tort, dans un ordre particulier. Ms. inconnu à Méon.

D. — B. N. fr. 837 (anc. 7218), fol. 60 c à 62 d. Ms. sur vélin du XIII<sup>e</sup> siècle, dont le texte en dialecte français est assez correct, et qui contient 39 strophes dans le même ordre que celles de C en n'y comprenant pas les deux qui manquent. Ms. utilisé par Méon.

E. — Bibl. royale de Bruxelles, ms. portant les n<sup>os</sup> 9411-9426, fol. 90 à 93 (= n° 9421). Ms. sur vélin du XIII<sup>e</sup> siècle, dont le texte présente un certain nombre de formes picardes du nord ; il compte 41 strophes, dont 39 sont les mêmes que celles de D, et deux ajoutées par un copiste. Ce ms., qui était à la Bibliothèque nationale de Paris en 1808 et portait dans la série des mss. provenant de Belgique le n° 128, a été connu et utilisé par Méon.

F. — Bibl. de l'université de Turin, fr. 134 (anc. L. V. 32), fol. 46 d à 49 c. Ce ms. sur vélin du XIII<sup>e</sup> siècle est une mauvaise copie d'un ms. de la famille du ms. E, dont il reproduit toutes les particularités, sous la plume d'un copiste ignorant et inintelligent. Ms. inconnu à Méon.

G. — B. N. fr. 25566 (anc. La Vall. 81) fol. 280 c à 283 a. Ce ms. qui offre certaines formes picardes est incomplet : un feuillet manque entre le fol. 281 et le fol. 282. Chaque colonne du ms. comptant 34 vers, il manque donc quatre fois 34 vers, c'est-à-dire 136, ce qui représente 10 strophes de 12 vers (= 120), auxquelles il faut ajouter 6 vers pour achever la strophe terminant le fol. 281 et 10 vers pour compléter celle qui commence le fol. 282 : l'ensemble des strophes existant ou remplacées est ainsi de 41, dans un ordre nouveau. Ms. utilisé par Méon.

Pour classer ces manuscrits, on peut tenir compte d'abord de l'ordre dans lequel ils présentent les strophes. Cet ordre varie d'une manière extrêmement frappante : il est le même dans C D E F, mais il diffère complètement dans A, dans B et dans G. Les deux tableaux ci-dessous permettront de se rendre compte de ces différences. Dans le premier, les strophes étant rangées dans l'ordre que leur assignent les manuscrits C D E F, la place que chacune d'elles occupe dans A, B, G est marquée par un chiffre ; dans le second, les strophes sont rangées dans l'ordre qu'elles occupent dans chacun des mss. A, B, G, et marquées du chiffre romain qui indique leur place dans C D E F.

| Éd. CDEF | Méon A | B | G | Éd. CDEF | Méon A | B | G | Éd. CDEF | Méon A | B | G | Éd. CDEF | Méon A | B | G |
|---|---|---|---|---|---|---|---|---|---|---|---|---|---|---|---|
| I | 1 | 1 | 1 | XIII | 7 | 15 | »[1] | XXV | 28 | 23 | 29 | XXXVII | 17 | 34 | 14 |
| II | 2 | 2 | 2 | XIV | 34 | 16 | » | XXVI | 35 | 24 | 34 | XXXVIII | 31 | 35 | 35 |
| III | 3 | 3 | 3 | XV | 9 | 17 | » | XXVII | 26 | 25 | 32 | XXXIX | 39⁴mq. | | 40 |
| IV | 4 | 4 | 4 | XVI[2] | 32mq. | | 30 | XXVIII | 23 | 26 | 16 | XL | 40 | 36 | 39 |
| V | 5 | 5 | 5 | XVII | 38 | 27 | 37 | XXIX | 25 | 8 | » | XLI[5] | 41 | 37 | 41 |
| VI | 18 | 6 | 6 | XVIII | 10 | 18 | 15 | XXX | 19 | 9 | 8 | | | | |
| VII | 21 | 7 | 7 | XIX | 27 | 28 | 31 | XXXI | 33 | 19 | » | 42 | — | — | — |
| VIII | 37 | 10 | 36 | XX | 24 | 29 | 10 | XXXII | 14 | 20 | 11 | 43 | — | — | — |
| IX | 13 | 11 | 9 | XXI | 12 | 30 | » | XXXIII | 6mq. | | » | 44 | — | — | — |
| X | 11 | 12 | 17 | XXII[3] | 22mq. | | » | XXXIV | 20 | 21 | » | 45[6] | — | — | — |
| XI | 36 | 13 | 38 | XXIII | 8 | 31 | » | XXXV | 16 | 32 | 12 | 46 | 42[7] | — | — |
| XII | 29 | 14 | 28 | XXIV | 30 | 22 | 33 | XXXVI | 15 | 33 | 13 | 47[8] | 43 | — | — |

| | A | B | G | | A | B | G |
|---|---|---|---|---|---|---|---|
| 1. | I | I | I | 22. | XXII | XXIV | » |
| 2. | II | II | II | 23. | XXVIII | XXV | » |
| 3. | III | III | III | 24. | XX | XXVI | » |
| 4. | IV | IV | IV | 25. | XXIX | XXVII | » |
| 5. | V | V | V | 26. | XXVII | XXVIII | » |
| 6. | XXXIII | VI | VI | 27. | XIX | XVII | » |
| 7. | XIII | VII | VII | 28. | XXV | XIX | XII |
| 8. | XXIII | XXIX | XXX | 29. | XII | XX | XXV |
| 9. | XV | XXX | IX | 30. | XXIV | XXI | XVI |
| 10. | VIII | VIII | XX | 31. | XXXVIII | XXIII | XIX |
| 11. | X | IX | XXXII | 32. | XVI | XXXV | XXVII |
| 12. | XXI | X | XXXV | 33. | XXXI | XXXVI | XXIV |
| 13. | IX | XI | XXXVI | 34. | XIV | XXXVII | XXVI |
| 14. | XXXII | XII | XXXVII | 35. | XXVI | XXXVIII | XXXVIII |
| 15. | XXXVI | XIII | XVIII | 36. | XI | XL | VIII |
| 16. | XXXV | XIV | XXVIII | 37. | VIII | XLI | XVII |
| 17. | XXXVII | XV | X | 38. | XVII | (XVI) | XI |
| 18. | VI | XVIII | » | 39. | XXXIX | (XXII) | XL |
| 19. | XXX | XXXI | » | 40. | XL | (XXXIII) | XXXIX |
| 20. | XXXIV | XXXII | » | 41. | XLI | (XXXIX) | XLI |
| 21. | VII | XXXIV | » | | | | |

---

1. Cette strophe et toutes celles qui sont marquées de guillemets manquent dans G par suite de l'arrachement d'un feuillet.
2. Cette strophe n'existe pas dans x' (= D E F).
3. Cette strophe n'existe pas dans x' (= D E F).
4. Cette strophe et la suivante sont interverties dans le texte de Méon.
5. Les strophes XVI et XXII manquant dans D E F, ces trois mss. n'ont que 39 strophes.
6. Les 4 strophes 42-45 sont ajoutées par C.
7. Cette strophe et la suivante, qui n'existent pas dans A, ont été empruntées par Méon au ms. E.
8. Cette strophe et la précédente sont ajoutées par E F.

L'ordre suivi dans C D E F nous a paru le meilleur, et c'est celui que nous adoptons dans l'édition. Des trois mss. divergents, il en est un dont l'ordre, comme on le voit par le second de nos tableaux, se rapproche beaucoup de celui de C D E F ; c'est B : il offre en effet, outre l'accord des sept strophes initiales et des sept strophes finales (en y comprenant XXXIX qui manque dans B), la même suite pour cinq groupes de 2, 8, 4 (moins une strophe manquante), 5, 6 (moins une) strophes, comme le montre la disposition suivante :

```
I    II    III   IV   V    VI    VII
XXIX XXX
VIII IX   X    XI   XII  XIII  XIV  XV
XVIII
XXXI XXXII  +¹  XXXIV
XXIV XXV  XXVI XXVII XXVIII
XVII XIX  XX   XXI  +   XXIII
XXXV XXXVI XXXVII XXXVIII  +  XL  XLI.
```

Cet accord peut faire croire que le ms. B a eu pour source plus ou moins directe un ms. où l'ordre des feuillets avait été interverti. Les strophes XXII, XXXIII et XXXIX ont été omises ; quant à la strophe XVI, qui devrait être soit à la fin du groupe VIII-XV, soit au début du groupe XVII-XXIII, elle peut avoir été supprimée parce que, l'une de ses deux moitiés finissant un des feuillets intervertis, l'autre en commençant un autre, le copiste n'a pas su rajuster ces deux parties et les a abandonnées comme incomplètes. Les strophes XVIII, XXIX et XXX paraissent d'ailleurs avoir été hors de leur rang déjà dans l'original de B.

L'ordre suivi dans A et dans G est bien plus différent. Les sept premières strophes dans G, les cinq premières dans A, vont encore avec B C D E F ; mais ensuite on ne trouve presque aucune trace de concordance, sauf pour les trois dernières strophes, XXXIX XL XLI dans A, XL XXXIX XLI dans G. Notons encore le groupe XXXVI XXXV XXXVII dans A (15-17), XXXVI XXXV XXXVII dans G (12-14) : la communauté de ce groupe indique un lien entre A et G ; un autre, plus sensible, parce qu'il n'a rien de commun avec les autres mss., se trouve dans la série 36-38 de A et de G : A XI VIII XVII, G VIII XVII XI. Mais sauf ces points de contact, l'ordre A G diffère profondément de l'ordre B C D E F, et entre A et G même il y a une divergence presque constante [2].

---

1. La croix indique la place qu'occuperait sans doute une strophe omise.
2. Les strophes de G qui sont perdues sont les suivantes : XIII XIV XV, XXI XXII XXIII, XXIX, XXXI, XXXIII XXXIV. Il est clair qu'il y avait là des groupes qui se rapprochaient de B D E F. Aucun ne se retrouve dans A.

Comment expliquer cette variété ? Il est difficile de se représenter des scribes s'amusant à déranger toutes les strophes de la composition qu'ils copiaient, et cela au moins à trois reprises (sans parler de B) : dans l'auteur commun de A G, dans A, dans G (ou leurs auteurs). Il paraît plus vraisemblable d'attribuer ce changement à la transmission orale. Aucun lien logique ne marque la suite des strophes dans les *Congés* : il était naturel qu'elles se déplaçassent dans la récitation. Les *Congés* ont sans doute été récités publiquement à Arras pendant assez longtemps, comme le montrent les strophes postiches qu'on y a ajoutées : c'est ainsi que s'expliquerait l'interversion désordonnée des strophes, qui n'a respecté, comme on devait s'y attendre, que le commencement et la fin.

S'il en est ainsi, nos manuscrits ne représentent pas une tradition écrite unique et ne peuvent se grouper généalogiquement. En effet, quand on essaie de les classer, on se heurte à des difficultés insurmontables, au moins si on veut dépasser un certain point. Que C D E F forment une famille au sens ordinaire du mot, ce n'est pas douteux. Sans parler de l'ordre où ils présentent les strophes, qui ne prouve rien, puisqu'il est à notre avis authentique, ces mss. ont en commun des fautes évidentes. Ainsi ils intervertissent les v. 29-30 ; ils lisent au v. 68 *povretés* pour *penitanche*; ils omettent le v. 79 et pour le remplacer ajoutent un vers après 80, etc., etc. Dans tous ces cas, la bonne leçon est dans A B G ; mais il y a des cas où A fait les mêmes fautes que C D E F. Ainsi au v. 413 A et C D E (F manque) lisent : *se tu si fais*, impossible parce que le mot *fais* se retrouve à la rime dans la même strophe ; au v. 423 A et C D E F lisent : *Quar le fai si con tu le dis*, répétition maladroite du v. 411. Aux v. 17, 95, 301, 375, A et C D E F ont une leçon contraire à celle de B G, sans que l'avantage de l'une sur l'autre soit évident. Il semblerait donc que A d'une part et C D E F de l'autre appartiennent à la même famille, B et G en étant indépendants.

Mais d'autres faits contredisent cette hypothèse. Ainsi A et G ont en commun des fautes qui ne sont ni dans B ni dans C D E F. La plus frappante est celle des v. 460-461 : A et G, ayant omis le v. 460, l'ont remplacé en ajoutant après 461 un vers qui est impossible, parce qu'il répète la rime de 458. Voyez encore les v. 86-87 et 314-15. En de nombreux endroits (par ex. 59, 82, 217, 224, 226-7, 240, 285, 422) A et G ont une leçon et B C D E F une autre, sans que des raisons intrinsèques décident clairement en faveur de l'une ou de l'autre. Il y a donc un lien entre A et G comme il y en a un entre A et C D E F.

Le ms. B n'a de fautes communes ni avec A, ni avec G [1], ni avec C

---

[1]. Les fautes communes à B et G se réduisent à deux, où la coïncidence peut parfaitement être fortuite : v. 8 *trecerie* pour *truandie*, v. 92 *cuer* pour *cors*.

D E F[1] ; il semble donc bien représenter un manuscrit indépendant. Toutefois il se présente une difficulté sérieuse : les strophes XVI et XXII manquent dans B et dans D E F, ce qui paraît indiquer une provenance commune ; mais elles se trouvent dans C, qui d'ailleurs forme avec D E F un groupe très sûrement constitué (voy. ci-dessus). Il faut croire à une coïncidence fortuite, qui est moins invraisemblable si on remarque que l'omission de XVI peut avoir, comme on l'a vu, une explication particulière. G n'ayant de fautes communes ni avec B, ni avec C D E F, on arrive à classer suffisamment six manuscrits comme il suit :

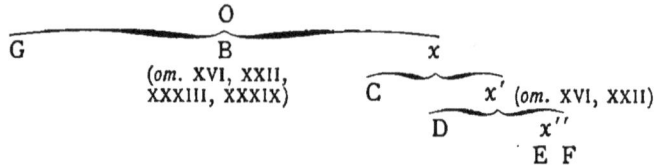

Mais on ne sait que faire de A. Ce ms. a, comme nous l'avons vu, des fautes communes avec x d'une part, avec G de l'autre ; il tient d'ailleurs à ce dernier ms. par certaines ressemblances dans l'ordre des strophes. Il faut le regarder comme provenant à la fois de x et de G (ou plutôt d'un intermédiaire entre O et G) ; cette provenance a-t-elle été orale ou scripturale, nous ne pouvons le décider, de même que nous ne pouvons le décider pour la relation qui existe entre O et G, O et B, O et x.

Cette classification, à laquelle nous nous sommes arrêté après de très longs tâtonnements [2], nous a fourni la base de l'établissement du texte. Le texte original résulte : 1° de l'accord de tous les mss.; 2° de B + G contre x ; 3° de B + x contre G ; 4° de G + x contre B. Le ms. A ne peut, par sa position intermédiaire, qu'appuyer G ou x sans avoir une valeur à part.

Les *Congés* ont 41 strophes véritablement dues à Jean Bodel [3]. A ces 41 strophes primitives ont été ajoutées d'une part quatre nouvelles strophes par C et de l'autre deux par E F. La classification donnée plus haut suffirait à prouver que ces deux additions ne sont pas authentiques ; mais on peut l'établir autrement. Les strophes du ms. C, qui

---

1. Au v. 293 *mescontés*, dans A, qui sans doute est la source de l'*ostés* de G, est certainement la bonne leçon, mais *oubliés* a pu être amené indépendamment par le sens dans B et dans C D E F : la locution *pas n'i oubliés....* est très ordinaire. Au v. 122 B et C D E F ont en commun la leçon fautive *Biauues* pour *Biaumes*, mais ici une coïncidence fortuite est fort admissible.

2. La trace de ces tâtonnements est restée dans les lettres affectées comme sigles à chacun des mss., lettres dont l'ordre alphabétique ne représente pas la valeur de ces mss.

3. Nous rappelons qu'il manque deux strophes à D E F, quatre à B, et que G, par l'arrachement d'un feuillet, a perdu plus de dix strophes.

présentent une langue plus jeune et une expression moins précise que tout le reste du poème, ne renferment rien de personnel à Bodel, et sont très certainement l'œuvre d'un trouvère artésien, vivant à une époque postérieure : l'allusion que fait l'auteur à la chandelle de N.-D. des Ardents d'Arras et à la tour du Petit-Marché qui la contient (v. 506-515) ne laisse aucun doute à cet égard, car cette tour ne fut érigée qu'en 1214. Nous lisons en effet dans un petit volume du xviie siècle [1] : « Il y « a au milieu du petit marché de la dite ville une excellente et superbe « pyramide, d'antique et admirable structure, bastie du temps d'Odon « abbé de S. Waast, l'an 1214, dedans laquelle ceste saincte Chandelle « est magnifiquement conservée. »

Quant aux deux autres strophes (XLVI et XLVII), existant dans E et F, elles s'éliminent d'elles-mêmes. L'une d'elles en effet, la XLVIIe, mélange les rimes *anche* et *anke,* ce que ne font pas les autres strophes des *Congés* (cf. les str. XVIII et XXX). De plus, dans ces deux strophes, le trouvère remercie Dieu de lui avoir fait la grâce de raconter la vie d'un *baron,* le plus *gentil* de France, qui par sa bonté gagna le Paradis et vécut dans un ermitage, menant une existence de souffrances et de privations, après avoir renoncé à la richesse et à son *hireté*. Ce solitaire n'est évidemment pas Bodel, et nous ne savons ce que viennent faire ces deux strophes à la fin des *Congés,* d'autant que le manque de précision dans leur texte empêche de savoir à quel saint personnage elles font allusion. Peut-être s'appliquent-elles à S. Thibaud de Provins, qui appartenait à la *france lignie* des comtes de Champagne : quelques traits en effet de la vie de ce saint [2] peuvent se rapporter aux vers des deux strophes, mais d'une façon trop incertaine pour qu'on ose rien affirmer. Ce fait reste toujours acquis, que les deux strophes n'ont pas été composées par Bodel.

IV. *Langue.* — Tous les mss. des *Congés* sont du dernier tiers du xiiie siècle : ils ne représentent donc nullement par leur orthographe la langue parlée par Bodel en 1205. Voulant donner ici une édition critique du poème et reproduire aussi exactement que possible la notation graphique et en même temps la prononciation correspondante du commence-

---

1. *Histoire de la S. Chandelle,* par Guillaume Gazet (1631), p. 16. — Nous citons de cet ouvrage l'édition de 1631 et non celle de 1599, connue de l'*Histoire littéraire* (XX, 612), car elle est plus complète. L'édition de 1599 ne mentionne en effet ni la date de 1214 que nous donnons ici, ni celle de 1200 que l'*Histoire littéraire* rapproche du nom de l'abbé Odon, lapsus évident, puisqu'Odon n'était pas encore abbé en 1206 (*Gall. christ.* III, col. 386).

2. Deux vies de S. Thibaud en vers français du xiiie s. existent dans le ms. fr. 24870 de la Bibl. nat.; l'une en vers de 8 syllabes (fol. 56), l'autre en vers de 12 syllabes (fol. 68).

ment du XIII<sup>e</sup> siècle, il nous a fallu chercher ailleurs les éléments de notre travail. Nous avons dit plus haut pourquoi nous laissions de côté la *Chanson des Saisnes* et les *Fableaux*, dont la paternité ne peut être sûrement attribuée à Bodel ; d'autre part les *Pastourelles* offrent peu de matière à l'étude linguistique : c'est donc, dans l'œuvre de Jean Bodel, le *Jeu Saint Nicolas* et les *Congés* qui nous ont permis de reconstituer, le plus souvent au moyen des rimes, la langue de l'auteur. Nous avons de plus tenu compte dans une certaine mesure des caractères généraux du dialecte artésien et aussi de certaines leçons données par les mss., qui, bien que postérieurs à Bodel, peuvent parfois avoir conservé les formes exactes. Enfin nous nous sommes servi avec utilité d'un document que nous avons déjà cité, le *Registre de la confrérie des jongleurs*, où nous avons relevé la notation orthographique des sons qui apparaissent dans les noms artésiens pendant l'année 1205 et pendant quelques années avoisinantes. Disons aussi que la connaissance que nous pouvons avoir du patois moderne nous a dans certains cas autorisé à adopter de préférence telle ou telle orthographe.

Nous passons en revue dans l'ordre habituel, *voyelles*, *consonnes*, etc., les divers phénomènes phonétiques que nous présente l'étude des *Congés*, retenant uniquement ceux qui sont particuliers et négligeant les autres qui appartiennent au domaine de tout l'ancien français.

*Voyelles.*

A. — *a + i* est nettement distingué de *è* dans toutes les rimes ; la confusion se trouve une fois dans le Prologue du *Saint Nicolas* [1], qui pourrait bien n'être pas de Bodel, *confès : fais* (p. 162). Nous avons donc écrit partout *ai*. — Cependant *fascinat* donne *ferne* (v. 196) ; cela tient aux deux consonnes qui suivent l'*ai*.

*ein* se confond avec *ain* dans les formes masculines, comme le prouve le mot *frenum* (*frein*, v. 159) rimant en *ain*. — De même au féminin *minat* (*meine*, v. 275) rimant en *aine*; cf. aussi *Elaine* (Reg. fol. 3 d) de *Helena*.

La notation orthographique du suffixe *ania* est hésitante entre *aigne* et *anie* : *Espaigne* (Reg. fol. 5 c) et *Tiefanie* (Reg. fol. 6 a) ; nous adoptons la forme *aigne*. — Ici comme dans *S. Nic.* la distinction est nette entre *ana* et *ania*, *aine* et *aigne*.

*ata.* La forme féminine en *ie* (= *iée*) du participe passé en *ata* des verbes en *ier* ne se montre pas dans les *Congés*, non plus que dans le *S. Nic.* ; elle est au contraire fréquente dans la *Chanson des Saisnes*.

---

1. Nous renvoyons aux pages du *Théâtre français au moyen âge*, puisque les vers ne sont pas numérotés.

E. — L'$\acute{e}$ donne la diphthongaison bien connue *ié*. Remarquons que dans les mots *entire* (v. 312) et *matire* (v. 309) ce n'est pas *ié* qui est devenu *i*, mais *iei* (*ie* + *yod*) ; ces formes sont communes à tous les dialectes. Pour *entier* la forme en *ier* existe aussi : *entiers* (v. 435), et Bodel semble avoir employé les deux formes parallèlement dans *S. Nic.* : *mentirs : entirs* (p. 204) et *racointier : entier* (p. 183). Le mot *pire* (v. 80) avait aussi un *yod* en latin ; voy. au *Glossaire*. — *Deus* paraît faire *Deus* et non *Dieus* ; cf. ci-dessous.

L'*e* en position prend la forme française ordinaire *è* et non *ié*. Dans ce cas certains mss., dus à des scribes originaires d'une région picarde plus septentrionale qu'Arras, ont la notation *ie*, mais la véritable orthographe de Bodel est fournie par le *Registre* : *Robert* (fol. 5 *b*), *Ranbert* (fol. 5 *b*), *fer* (fol. 5 *c*) ; la prononciation actuelle du patois dans ces mots est la même qu'en français, preuve à l'appui de notre opinion. — A propos de l'*e* en position, il faut rappeler que le groupe *ell* devient *iau* dans tous les cas où il est suivi d'une consonne : *Carbonials* (Reg. fol. 11 *b*), prononcé *Carboniaus* (voy. plus loin l'L). Le suffixe *iaus* se distingue du reste absolument de *aus*, qui provient, comme on le voit dans la strophe X, de *ails*, *als* et *eils*.

I. — Rien à remarquer.

O. — L'$\acute{o}$ et l'$\acute{u}$ dans les mots où il est traité comme $\breve{o}$ deviennent *ue*, qu'il faut parfois noter par *eu* : *nuef* (v. 388), *renuef* (v. 396), *gueule* (v. 133), rimant avec *seule* (v. 144).

L'$\acute{o}$ se note *eu* : *seule* (v. 144) ; *eüreus*, rimant avec *teus* (v. 421). Le *S. Nic.* confirme la forme *seus*, qui peut rimer avec *Deus*, en établissant par un procédé mathématique la proportion suivante : *seus : deus* (p. 181) = *deus : Deus* (p. 183).

L'*o* atone est écrit *o* : *Locart* (Reg. fol. 5 *a*).

U. — L'$\acute{u}$ en position, qui devient plus tard *ou*, est encore noté *o* par tous les mss. ; de même aussi dans le *Registre* : *Erenbors* (fol. 5 *c*), *dote* (v. 145).

### Diphtongues.

La seule diphtongue dont nous ayons à nous occuper est *au*, qui donne *o*, différent de l'*o* devenu *ou* plus tard. — Citons dans les rimes en *ore* (lat. *aure*) les mots *ore*, *encore*, venant de *ad-horam*, *hanc-ad horam* (*a-ore*, *anc-a-ore*).

### Voyelles nasales.

Constatons que dans les *Congés*, comme aussi dans le *S. Nic.*, $\tilde{a}$ se différencie absolument de $\tilde{e}$.

## Consonnes.

La notation des gutturales *c* et *g* est à considérer. Dans la plupart des mss. les formes françaises et picardes sont mêlées, et le *c* vélaire latin devant *a* devenu *e* est tantôt représenté par *ch*, tantôt par *k*. Le *Registre* adopte toujours, du moins pour les années voisines de 1205, la notation *ch* : est-ce à dire qu'à cette époque on prononçât *che* comme en français moderne ? nous ne le croyons nullement. La notation *ch* représente ici le son *k* comme aujourd'hui encore en italien ; et nous en trouvons la preuve dans le mot *Jachemes* (fol. 5 *d*) par exemple qui, provenant de *Jacomus*, n'a jamais pu avoir un *ch* français ; de même aussi le nom *Cauchesel* (fol. 6 *d*) se trouve écrit un peu plus tard *Kauquesel* (fol. 18 *e*), et l'on ne peut admettre ici un changement de prononciation, car *ke* peut devenir *che*, mais non pas *che* devenir *ke*. — Le *g* offre aussi la même orthographe : *Ghillebers* (*Reg.* fol. 5 *a*), *Hamenghiele* (*Reg.* fol. 5 *e*). Nous adoptons les formes en *k*, *gu*, qui représentent la prononciation.

Le *c* palatal, dont la prononciation chuintante est prouvée par l'accord de tous les mss. et par le patois moderne, est cependant représenté par *c* dans le *Registre* : *Climence* (fol. 5 *f*), *ci* (fol. 6 *b*). Nous adoptons la notation *ch*.

Rien à dire sur les *dentales*.

Dans le groupe des *labiales*, le *w* seul nous occupe, d'abord comme consonne conservée dans les mots d'origine germanique : *Warin* (*Reg.* fol. 4 *f*), *Wisternave* (*Reg.* fol. 17 *e*) ; en second lieu comme semi-voyelle dans les mots *eschiwe* (v. 339), *miwe* (v. 342), etc. Ces formes sont éclaircies par les formes masculines en *iu*, rimant avec *giu* (v. 120) : elles ne peuvent donc s'écrire ni se prononcer *eschive*, *mive*; d'autre part si l'on adoptait l'orthographe *eschiue*, *miue*, on semblerait vouloir prononcer l'*u* à part.

## Liquides.

L'*l* devant une consonne était évidemment vocalisée au temps de Bodel (cf. *teus*, rimant avec *eüreus*), mais dans l'orthographe l'hésitation existe encore : *Bauduin* (*Reg.* fol. 5 *c*) et *Balduin* (*Reg.* fol. 4 *f*), *Rainals* (*Reg.* fol. 11 *f*) et *Rainaus* (*Reg.* fol. 11 *f*). Nous adoptons la notation *u*, excepté à la fin des mots, où la vocalisation n'a pas lieu : *del burc* (*Reg.* fol. 7 *b*), *del més* (*Reg.* fol. 5 *b*).

La métathèse de l'*r* paraît aussi, comme le prouve la forme *Berteel*, empruntée au *Cartulaire de S. Waast* (p. 220), à côté de *Bretel* donné par tous les mss. : nous adoptons *Bertel*, fourni par un document plus ancien. Dans les mots dont l'étymologie est connue, nous faisons la métathèse : *enfreté* (v. 151), *Vrediere* (v. 291), etc.

Telles sont les remarques phonétiques que nous fournit l'étude des *Congés*; c'est d'après ces principes que nous avons constitué notre texte, en l'uniformisant, nous le répétons encore, d'après les caractères du parler artésien, entre autres la substitution des formes féminines *me, te, se,* à *ma, ta, sa,* etc., caractères dont nous trouvons la trace dans les documents du temps et dans les mss. mêmes de Bodel, qui toutefois ne les donnent pas d'une manière constante. Au point de vue *grammatical*, nous n'avons guère qu'à constater l'observation des règles de la déclinaison et la présence d'un subjonctif en *ende* (str. XXXII) au lieu de la forme picarde habituelle en *enge*.

V. *Versification*. — Les *Congés* sont écrits en vers de huit syllabes ; chaque strophe se compose de 12 vers établis sur deux rimes ainsi disposées : *aab aab bba bba*. Cette strophe paraît avoir été inventée du vivant même de Bodel ; nous la trouvons peut-être pour la première fois dans les fameux *Vers sur la mort*, composés vers la fin du XIIe siècle par Hélinand, publiés à diverses reprises, et dont un grand nombre de mss. ont été indiqués par M. Paul Meyer[1] (*Romania* I, 364-367, et *Bulletin de la Soc. des anc. textes*, 1878, p. 51), auxquels mss. il faut ajouter le manuscrit de la B. N. fr. 12471 (fol. 41 r° à 46 v°). Si Hélinand fut le créateur de ce rythme, la célébrité des *Vers sur la mort* explique facilement la vogue dont il a joui. Nous donnons ici une liste, que nous n'avons pas la prétention de rendre complète, des pièces composées dans ce rythme :

Les *Congés* de Baude Fastol, publ. par Méon I, 111-134.

Les *Congés* d'Adan de la Hale, p. p. Méon I, 106-111 et par Coussemaker, *Œuvres d'Adam*, p. 275-279.

Un *Salut d'amour*, p. p. P. Meyer, *Bibl. de l'Éc. des ch.* XXVIII, 162-165.

*La Complainte de Jerusalem*, p. p. Jubinal, *Rapport* ... p. 57-65, et *Lettre* ... p. 65-71, et par Stengel, *Cod. man. Digby 86* ..., p. 106-118.

*Le Dit* de Jean le Rigolé, p. p. G. Raynaud, *Romania* VII, 596-599.

*La Complainte d'amour*, de Philippe de Beaumanoir, p. p. H. Bordier, *Œuvres de Ph. de B.*, p. 287-294.

*Li Espitle des femes*, p. p. Jubinal, *Jongl. et trouv.*, p. 21-25.

*Le mariage des filles au diable*, p. p. Jubinal, *Nouv. rec.* I, 282-292.

---

1. Voy. aussi Mussafia, *Sitzungsberichte der phil.-hist. Cl. der k. Akad. der Wiss. zu Wien* LXIV, 546-550.

*Les vers du monde*, p. p. Jubinal, *Nouv. rec.* II, 124-131.

*Des droiz au clerc de Voudai*, p. p. Jubinal, *Nouv. rec.* II, 132-149.

*Le Vergier de Paradis*, p. p. Jubinal, *Nouv. rec.* II, 290-296.

*La Povreté Rutebeuf*, p. p. Jubinal, *Œuvres de Rutebeuf*, 2ᵉ éd., I, 1-4.

*La Pais* ou *la Priere Rutebeuf*, p. p. Jubinal, *Ibid.* I, 22-25.

*La Mort Rutebeuf*, p. p. Jubinal, *Ibid.* I, 37-43.

*Complainte au comte Huede de Nevers*, de Rutebeuf, p. p. Jubinal, *Ibid.* I, 65-74.

*Complainte de Constantinoble*, de Rutebeuf, p. p. Jubinal, *Ibid.* I, 117-128.

*Les Ordres de Paris*, de Rutebeuf, p. p. Méon II, 293-298 et par Jubinal, *Ibid.* I, 187-201.

*De Sainte Eglise*, par Rutebeuf, p. p. Jubinal, *Ibid.* II, 45-50.

*La Divisions d'ordres et de religions*, par Le Roi de Cambrai, p. p. Jubinal, *Ibid.* III, 147-155.

*De Guersai*, p. p. Jubinal, *Ibid.* III, 347-352.

A ces pièces déjà publiées ajoutons-en quelques-unes manuscrites, dont plusieurs sont empruntées au ms. fr. 12483 de la Bibliothèque nationale ; ce ms., bien qu'écrit au xivᵉ siècle, renferme des pièces du milieu du xiiiᵉ :

Fol. 4 b à 6 d. — *Du moigne dangereus* (lis. *langueureus*) *que N. D. remit a point par le electuaire qu'elle li mit en la bouche* :

> Hom, qui creature es resnable,
> De bien et de mal entendable.....

Fol. 70 a à 71 c. — *Pièce en l'honneur de la Vierge* :

> Quiconques met s'entencion
> En fole delectacion.....

Fol. 175 a à 177 a. — *Un Dité de la Passion* :

> L'escripture nous dist pour voir :
> Cil qui scet bien ramentevoir.....

Fol. 180 a à 181 b. — *Le Dité des Droiz* :

> Or escoutés une chosete
> Petite qui est nouvelete.....

D'autres pièces bien connues et encore inédites ont aussi ce rythme : c'est d'abord le *Miserere* du Reclus de Moliens (voy. *Hist. litt.* XIV, 33-36), le *Roman de Charité* (voy. *Hist. litt.* XIV, 36-38), le *Dit du Cors et de l'Ame* (voy. *Hist. litt.* XXIII, 283-284, Mussafia, *Sitzungsberichte der phil.-hist. Cl. der k. Ak. der Wiss. zu Wien* LXIV, 594-595), le *Dit d'Amour* de Nevelon Amion (*Hist. litt.* XXIII, 612), et enfin une pièce en l'honneur de la Vierge, citée par M. H. Suchier dans le 1ᵉʳ vol. (*Reimpredigt*) de sa *Bibliotheca normannica*, Introd. p. XLIV-XLV ; il faut noter cependant que dans cette dernière pièce les vers n'ont que cinq syllabes.

Les rimes de Bodel sont variées, et celles qu'il a employées plusieurs fois sont assez rares ; nous en donnons ci-dessous le relevé complet par ordre alphabétique. Dans ce relevé chaque rime est suivie du numéro de la strophe où elle se trouve ; ce numéro est lui-même suivi de la lettre *a* ou *b*, suivant que dans la strophe la rime paraît *d'abord* au premier ou au troisième vers. Pour les principes qui nous ont déterminé à adopter pour telle ou telle rime une orthographe particulière, il faut se reporter à ce que nous avons dit de la langue des *Congés*.

age — IX *b*, XXVIII *b*.
aide — XXVIII *a*.
aie — VII *a*.
aigne — XXIV *b*.
aille — XLI *a*.
ain — II *a*, XIV *b*.
aindre — XII *b*.
aine — XXIII *b*.
aint — XXII *a*.
aire — XX *a*.
ais — XXXV *a*.
aite — XV *a*.
ale — VIII *a*.
anche — XVIII *b*, XXX *b*.
ande — XVI *b*.
ant — IV *a*, XIX *b*.
art — XXXVIII *a*.
as — XXX *a*.
asse — XXII *b*.
aus — X *b*.
é — III *b*, XLI *b*.
él — XIV *a*.
ende — XXXII *b*.
endre — XXVI *b*.
ére — XX *b*.
èrne — XVII *a*.
èrs[1] — VI *a*, XXXII *a*.
és — XXV *a*.
èst — XXXVII *b*.
èt — XIX *a*.

ète — XVIII *a*.
eule — XII *a*.
eure — XXXVIII *b*.
eus — XXXVI *a*.
i — V *a*.
ié — XI *b*, XXI *a*.
ie — I *b*.
ief — XL *b*.
ier — XXXIV *a*.
iers — XXXVII *a*.
iés — III *a*.
ieve — IV *b*.
ime — XVII *b*.
ir — VIII *b*.
ire — VII *b*, XXVI *a*.
is — XXXV *b*, XXXVI *b*.
ise — XL *a*.
iu — X *a*.
ivre — XXIV *a*.
iwe — XXIX *b*.
oi — II *b*.
oie — IX *a*, XV *b*, XXXI *a*.
ointe — XI *a*.
ois — XXIX *a*.
oise — XXIII *a*.
oite — XXXIV *b*.
onde — XXXIX *a*.
ont — V *b*.
onte — VI *b*.
òre — XXVII *b*.

---

1. La première des strophes en *ers* n'offre que des mots ayant en latin un *e* en position ; la seconde ne contient que des *e* ayant pour base un *e* long ou un *i* bref. Est-ce un hasard? La strophe XIX *a* n'a que *et* venu d'*i* en position, mais dans XVIII *a* on trouve *rete* = *reputat* au milieu d'*e* provenant d'*i*.

[p. 234]

órne — XVI *a*.
òrs — XXV *b*.
òrt — XXXIII *b*.
óte — XIII *a*.
uef — XXXIII *a*.
ueil — XXI *b*.

uise — I *a*.
uit — XXXI *b*.
uite — XXVII *a*.
une — XXXIX *b*.
use — XIII *b*.

Nous terminons par quelques mots relatifs à notre édition. Nous ne faisons du reste que résumer ici ce qui a déjà été dit au cours de cette notice. Les leçons ont été établies d'après la classification indiquée plus haut ; les formes ont été unifiées d'après les résultats de l'étude grammaticale ; les variantes, sauf celles qui sont purement orthographiques, sont notées au bas des pages. L'ordre des strophes est celui du groupe *x*; les strophes ajoutées sont imprimées en italique à la fin des autres et portent un numéro d'ordre à la suite. Un glossaire, pour lequel M. Gaston Paris nous a donné de précieuses indications, termine la publication et comprend aussi les noms de lieux et de personnages qui figurent dans les *Congés*.

## LI CONGIÉ

### JOHAN BODEL D'ARAS.

I.

Pitiés, o me matire puise,
M'enseigne qu'en cho me deduise
Que jo sor me matire die ;
N'est drois que men sens amenuise
Por nul mal qui le cors destruise,
Dont Deüs a fait se comandie.   6
Puis qu'il m'a joé de bondie,
Sans barat et sans truandie
Est drois que jo a cascun ruise
Tel don que nus ne m'escondie,
Congié, ains qu'en me contredie,
Quar adès crien que ne lor nuise.   12

II.

Congié demant tot premerain
A chelui qui plus m'est a main
Et dont jo plus loer me doi :
Johan Bosket, a Deu remain !
Sovent recort et soir et main
Les biens que j'ai trovés en toi.   18
Se jo plor sovent en requoi,
Assés i a raison por quoi,
Auques anuit et plus demain.
Neporquant, se jo ne vos voi,
Men cuer purement vos envoi :
Tant a en moi remés de sain.   24

1 F me *manque* — 2 D Me semont B F G que je F menduise — 7 F joie de B de boidie — 8 B G trecerie — 9 B Cest drois G Drois est — 11 B quil me — 12 C Car des or A D quen ne B que je

15 *x* je mieus — 17 A *x* Plorant — 23 B Mon cuer premerain *x* Purement mon cuer

### III.

Cuers, se tu trop vilains nen iés,
Ja ne li oncles ne li niés
N'ierent de men escrit plané,
Car en aus ert mes liges fiés ;
Onques ne lor sambloie viés :
Tos tens m'ont a lor cost mené.     30
Chertes ne sont mie engané ;
Por Deu soit cho qu'il m'ont doné,
Teus dons est mout bien enploiés.
Or m'a Deus a point ramené
A cho qu'il m'avoit destiné,
Dont jo sui et dolans et liés.     36

### IV.

Simon Disier, de vos me vant
Tos jors, et après et devant,
Quar tote honor en vos akieve ;
Mainte gent s'en vont parchevant :
Vo baniere a non *Passe avant*,
Qui tos les abatus relieve.     42
Simons, uns maus qui en moi lieve,
Qui a tot men vivant me fieve,
Fait que le congié vos demant,
Si dolans que li cuers me crieve ;
Mais nule riens tant ne me grieve
Con fait dire : *a Deu vos comant!*     48

### V.

Congié demant de cuer mari
A chiaus qui soëf m'ont nori
Et a Bauduïn Sotemont :
Onques nel trovai esmari ;
Le cuer a en bonté flori
Qui de bien faire le semont ;     54
Deus croisse s'onor et amont !
Amer se fait a tot le mont :
A l'ame li soit il meri
En le joie del chiel lamont,
Et tos chiaus qui tant sofert m'ont
Moitié sain et moitié pori !     60

### VI.

Tiebaut de le Piere, en ches vers
Preng congié, honteus et covers
Con chil que Fortune desmonte.
Tant m'est mais li siecles divers
Que n'os aler fors les travers ;
Nule povretés ne m'esfronte,     66
Tot men mal obli et mesconte,
Mais li penitanche est el honte
Qui seüs est et descovers,
Et Deus qui tote rien sormonte
En penitanche le me conte !
Quar trop aroie en deus enfers.     72

### VII.

Bertel, quel gré que jo en aie,
Me covient que jo me retraie
Del siecle, o me keanche enpire,
Que Deus reposer ne m'i laie :
Enfreté et poison et plaie
M'a doné por le cors despire.     78
De l'une part plor et sospire,
Qu'or m'estovra gaitier le pire ;
Et de l'autre part me repaie :
Deus doinst qu'a li servir m'espire,
Quar al cors est mes gius li pire,
De quel merele que jo traie.     84

---

25 B nies — 28 x' est G En eus estoit — 29 F ne len s. G trouoie v. *Ce vers et le précédent sont intervertis dans* x — 30 A x Tos jors — 32 A x quanquil — 35 A De cou — 36 B joianz et
38 B et auant — 39 B Que — 41 B La b. — 44 F sieue — 45 B Me fait que c. — 47 A x Quar
49 A x a cuer — 52 A x Ainc ne le — 55 B son bien et — 58 B des cieus B D G amont — 59 A G Et ceus qui tant consenti mont
62 B Men vois et honteus — 64 G chis s. — 66 G mafronte — 67 C Tant — 68 x la pouretes est — 69 B Que D descouuerte — 70 B Cil d. — 71 A A p.
74 F men r. — 75 A creance — 76 F He dieus G Car — 80 G Or B au pire. *Ce vers dans les mss.* x *est mis à la place du v.* 79, *qui est alors remplacé par celui-ci :* Al cuer en ai dolor et ire — 81 G mi — 82 A G Dieu proi C Dieus qui a lui seruir — 83 B encor est

## VIII.

Anuis qui en men cuer avale
O kiere tempestée et pale,
Qui me fait sople devenir,
Ainchois que jo torse me male,
Die qu'a Wibert de le Sale
Prende congié sans revenir. 90
Bien me doit tos jors sans fenir
De sen gentil cors sovenir
O il n'a ne soros ne gale,
Et de moi soit al covenir,
Quar jo ne puis nape tenir
Entre sains, puis que jo mesale. 96

## IX.

Waast Hukedeu, tote voie
Sui jo vostres o que jo soie,
Quar ainc ne vos trovai onbrage;
Espoir, se j'alaisse en le voie
O jo pas aler ne devoie,
Mieus me fust de vostre voiage; 102
Mais j'ai fait men pelerinage :
Deus m'a desfendu le passage
Dont bone volenté avoie;
Neporquant jo le tieng a sage :
Mors est, j'en ai eü message,
Li Sarasins que jo haoie. 108

## X.

Robert Cosset, a cuer pensiu
Comant a Deu vos et Mahiu,
Quar de moi est pris li consaus ;
De vos et des autres m'eskiu :
Che qu'al siecle ne voi men liu
Me fait joer a reponaus. 114
Tost monte uns hom come amiraus,
Et tost rekiet come orinaus ;
Tost a cangié chire por siu :
Con plus fui en le roe haus
Et j'oi tos fais mes enviaus,
Lors me covint perdre le giu. 120

## XI.

Joie, qui vers moi ies repointe,
Dusqu'a Biaumés fai une enpointe;
Si me salue a cuer haitié
Le castelain en cui s'apointe
Amors, qui le fait sage et cointe
Et de bon aire et afaitié ; 126
Tot sen cuer, ne mie a moitié,
A en cortoisie apointié,
S'en a vilonie desjointe :
De sens li muet et de pitié
Que a sen cost m'a acointié,
Quant tos li mons me desacointe. 132

## XII.

Anuis, qui m'estopes le gueule
Qui tant fu envoisie et veule,
Robert Locart me di sans faindre
Que joie me fuit et eskeule :

---

86 E tempeste F tempestes A C G Qui B Et — 87 G A me [A ma] fet et s.
— 88 F croisse — 89 x Di moi B Dient qua huibert A mestuet x Di moi ka
— 91 G tos tans B souuenir — 92 B G cuer B sans faintir — 93 B Quil na
A B F seur os — 94 D au souenir F a c. — 95 B Que A x ne puis mais

97 F u que soie — 98 F toutes voies — 99 B D ains — 102 A Que m.,
... de vo — 103 B ce vers manque — 105-106 B ces vers manquent — 106 x je
len — 108 E F cui jou

109 F al c. — 111 B Que — 113 B gieu — 115-120 G *ces vers manquent*
(*feuillet déchiré*) — 116 A Et tost descent — 117 A Et tost cange — 118
A Quant plus sui C Quant je fui — 119 x fait tos — 120 A F couient B Dont
me c. p. mon g.

121 G Pitiés, empointe — 122 B x biauues, une pointe — 124 x a cui B
sacointe — 125 A Honors F Anuitz — 127 B non pas a — 130 G Douneur
li nuit — 131 A x Qui F apointie — 132 C De ce dont mains me d. F tos
*manque* mes des.

133-142 G *ces vers manquent (feuillet déchiré)* — 133 F ma g. — 134 B trop
f. enuieuse x fu anieuse — 135 E loucare F dist

De dru forment en vuide esteule
Sui mis, mais trop aroie a plaindre 138
En tot recorder et refraindre
L'anui dont Deus me fait destraindre,
Qui si m'abaubit et aveule
Que nus ne me poroit ataindre
D'anui, que li miens ne soit graindre;
Mais cui vient une, ne vient seule. 144

### XIII.

Robert Werri, sans nule dote
Me covient partir de le rote :
N'i voi mais riens dont jo m'escuse,
Quar de moi est sevrée tote
Joie qui m'a se triwe rote ;
Et de tot sen pooir m'acuse 150
L'enfretés que j'ai tant repuse.
Avuec cho m'amenrit et use
Hontes que jo tant crien et dote,
Qui m'a recomandé le muse
Dont jo meïsmes me refuse :
Mieus m'en vient aler qu'en m'en bote.

### XIV.

Anuis qui abas maint baudel, 157
Qui m'as fait torner men caudel,
Vers Saint Juri torne ten frain :
Wibert de Biaumont et Ansel
Salue par Johan Bodel,

Cui Deus met de cuete en estrain. 162
Signor Mahiu, que jo mout ain,
Di que joie cuite li clain
Dont j'ai bien pris men quaresmel :
Or me mostrent loire et reclain
Chil de Miaulens et de Biaurain,
Qui tuit sont pori o fardel. 168

### XV.

Henris li Noirs, a vos m'afaite,
Se nule rien vos ai mesfaite
Ainchois que jo tiegne me voie ;
Mout fu me meskeanche entaite
Puis que j'oi le cop de retraite
Dont jo garder ne me savoie. 174
Vos m'escueillistes me topoie
A tel ore qu'ainc puis n'oi joie,
Mais honte et anui et sosfraite
Et mal qui avuec moi guerroie ;
Mais a tort le vos requerroie, 179
Quar grant pieche a que Deus me gaite.

### XVI.

Anuis, qui me fais mat et morne,
Vers Baude Wisternave torne :
De me part congié li demande,
Quar d'aler en un ost m'atorne
Dont nus aliegre ne retorne,
Tant se gart d'enferme viande. 186

---

137 B De dieu — 138 E Sui nus — 139 A remirer et restraindre B Les maus recorder et destraindre — 140 A qui si me f. B *ce vers manque* — 141 C D E Que B Qui si me malmet [et] awogle — 142 B maus ne me puet — 144 A E G Mes quant B Mais sauient une nauient sole

145-156 G *la strophe manque (feuillet déchiré)* — 146 A E Ne — 148 B Que x partie toute — 151 B je ai — 153 B La honte que je criem E ja tant — 154 B Qui me — 155 B men acuse — 156 B Mieus me vaut aler com me boute F Mieus vaut alor con ne me bute

157-168 G *la strophe manque (feuillet déchiré)* — 158 E candel — 158-160 B *ces vers manquent* — 160 D Umbert — 161 B Salue moi — 162 F de tot en C a lestrain — 164 B Di li que je cuite — 166 E loue et F lore et — 167 F Chil de bialuais

169-180 G *la strophe manque (feuillet déchiré)* — 169 A Henri bougier B Verri, a qui — 170 B mauez A forfaite — 172 D Mout par fu ma cheance — 174 A soloie B pooie — 175 F coupoie — 176 B Des cele eure que puis — 177 x Mais duel — 178 A auoec qui me F qui auec me B De moi ne faites eschargaite — 179 A Mais pour nient F *ce vers manque* — 180 B Que, magaite

181-192 *la strophe ne se trouve pas dans* B x' — 181 A ma fait C me fait — 182 C guistrenaue G wistrenale — 184 G une ost — 185 C en sante ne

Et puis que raisons me comande
A estre en vie peneande
Et mes afaires me bestorne,
Chil Deus qui de li fist ofrande
Le me laist endurer si grande
Que en ches tenebres m'ajorne. 192

### XVII.

Pitié pri qui me nef governe,
Al Castelain conte et discherne
Et Bauduin sen fil meïsme,
Coment Deus a sen droit me ferne :
Quar jo floris quant il iverne
Et quant il fait esté jo rime. 198
Emi ! contre poil rewaïme ;
Mais Deus m'a joé d'un sofisme,
Que tuit li mire de Salerne
N'abaisseroient cheste lime ;
Quar jo fui obliés a disme :
Ch'est uns blés qui volentiers gerne.

### XVIII.

Jaques al Dent, que que j'i mete, 205
Me covient que men giu demete :
N'i afiert mais nule dotanche.
Sovent botiés a me carete,
Ains que li maus dont en me rete
Me partist de vostre acointanche. 210
Or n'atent mais nule pitanche
Qui aliege me mesestanche,
Ne ja Deus ne s'en entremete

Que il cheste dolor m'estanche,
Ains doinst al cors tel penitanche
Par quoi l'ame soit fors de dete. 216

### XIX.

Pitiés, qui en men cuer se met,
Va moi la o jo te tramet,
Quar jo n'os aler si avant ;
Pren congié a Pieron Wasket :
Mout m'a fait et mout me pramet
Qu'encore fera en avant : 222
Maint bien m'ont fait li markeant.
A li et a Simon Durant
De me besoingne t'entremet ;
Quar ainc ne furent recreant
De moi aidier a lor vivant :
A Deu meïsme les en met. 228

### XX.

Raol Ravuïn, gentius maire,
Or i puet en aumosne faire
En moi qui sui vostre confrere ;
Or n'ai mais al siecle que faire,
Ains me covient ariere traire ;
Et neporquant, quant jo i ere, 234
Par tot trovoie pere et mere ;
Or est drois que jo le compere,
Mais tot me doit seoir et plaire
Al cors dure vie et amere
Por faire l'ame nete et clere :
Ausi est li cors a refaire. 240

---

187 A que cascuns — 192 G ses
193 B qui mauuais — 194 D et manque — 195 B D F. A bauduin — 196 D Comme — 197 B C E F Que — 198 B C G ruisme — 199 C D E Ainsi F Ensi A reuwime B regayne C regayme D rimuime E runwime F runverime G reweisme — 200 G Car — 202 B Ne passeroient — 203 F je sui — 204 C D F germe
205 A Makes A D quoique F quanque — 206 B en mon gieu meste G que je me mete — 207 A sofrance — 210 A de vo — 211 B Or narai — 212 B Qui maliet de ma — 215 B Mais B E an cors
217 A G Anuis B en qui pitiez se met — 218 B Or va F la manque — 219 B x' Que A plus auant — 221 E et bien me — 222 F G Ke A Et fera encor B Et encor me fera G en anant — 223 B F Mais. Dans A les vers sont dans l'ordre suivant : 224, 227, 225, 223, 226 et 228 — 224 A G huon durant — 225 x' te tramet — 227 x m. bien faire E F en l. Ce vers et le précédent sont remplacés par les suivants dans A G : Di lor que a deu les comant A cui de lor bienfais [A Et feront de ce bien] me vant.
229 B Ha raoul rauin — 231 D F A moi — 232 G Car — 234 A se jou F i ere manquent — 238 G Au cuer E vie dure — 240 A G defaire

## XXI.

Warin, puis qu'ainsi m'est jugié,
N'en doi aler sans vo congié,
Ne jo pas faire ne le vueil :
A Deu, amis, vos comant gié.
Refusé m'a et calengié
Li mons que jo tant amer sueil; 246
N'a mais cure de men acueil.
Mais jo cuidai en autre escueil
Avoir le païs eslongié ;
Mais ne me loist passer le sueil :
S'en lo Deu et en gré recueil
Qui m'a men quaresme alongié. 252

## XXII.

Cuers, va moi la o Baudes maint,
Qui tos autres canpions vaint,
Quar de bien faire onques ne lasse.
Joie, dont petit me remaint,
Et santé dont mout me sosfraint
Li doinst Deus ! cho seroit grant masse.
Me dolors totes autres passe, 259
Quar en moi s'aüne et amasse
Tos li anuis qui joie estaint,
Qui m'a fait avoir en le nasse
Del mal dont nus hon ne respasse,
Por qu'il l'ait a plain cop ataint. 264

## XXIII.

Berart, n'est drois, por qu'il me loise,
Que sans vostre congié m'en voise
Faire me peneuse semaine.
Tant sai vo maniere cortoise
Se viaus non je cuit qu'il vos poise
Que j'ai canté le daerraine ; 270
Mais s'issir puet por nule paine
De cors enferm parole saine,
Dont est drois que men sens aoise ;
Or primes sordra li fontaine :
Mes cuers et li maus qui me maine
Ne sont pas fait d'une despoise. 276

## XXIV.

Pitiés, qui m'as apris ten livre,
Vers Baude Bolart me delivre :
Di li que il a Deu remaigne,
Que hontes et anuis m'enivre
Qui nuit et jor assaut me livre,
Et loe et castie et ensaigne 282
Que, por aise qui me sosfraigne,
Plus ne me mete en lor conpaigne :
Assés en ont sofert le cuivre.
Loer me doi, qui que s'en plaigne,
De Deu qui me donte et ensaigne
D'une mort dont en puet revivre. 288

## XXV.

Pitiés, qui par vos me dontés,
Avuec mes bons amis contés
Martin Vrediere de la fors :
Par li est li kemins hantés ;

---

241-252 G la strophe manque (feuillet déchiré) — 241 A Mahiu F me sui jugies — 242 B Men puis — 245 C le vers manque — 246 x Li mondes que tant amer seul — 247 B Nai A mon orgoel B ton orguel — 248 A autre fuel — 249 F enlongie — 251 D Si lo — 252 F eslongie

253-264 la strophe ne se trouve pas dans B x' G (feuillet déchiré) — 253 C bauduins — 257 Ce vers est remplacé dans C par le suivant : Et biens tant com il men trespasse, qui vient après le v. 258 — 261 A que joie — 263 C Dun mal de quoi nus ne — 264 C Puis que il a plain coup lataint

265-276 G la strophe manque (feuillet déchiré) — 265 C F Gerart E Bernart B G que il me — 269 C Que je sai bien que il — 270 B Quant — 271 x par nule — 272 A De cuer E Des cors — 273 C nacoise x' desploie B le vers manque — 275 B Li maus et mes cuers — 276 B Il ne sont pas

277 G pris comme liure — 278 B E F A b. A baillart F baudet B fastoul — 279 A C x" De lui — 280 A Car B Car honte et raison me desyure C Car honte et anuis me deliure — 281 B chascun jor — 283 A pour anui — 284 A lor bargaigne B vo compaigne — 285 A G Trop en ont il [A Car trop en ont] s. le [A de] cuiure — 286 B F G men D F quiqui D se — 287 A ma mostre G ma done

289 B par tout — 291 A Mahiu B la defors — 292 C De lui est drois

Et Bertran pas n'i mescontés,
Quar se promesse m'est tresors. 294
Ja ne il ne Mahius li Fors
N'ierent de men escrit mis fors,
Coment que soie demontés ;
Mais contre Deu ne vaut nus sors,
Et puis qu'il m'a tolu le cors,
Je li doing l'ame de bontés. 300

### XXVI.

Anuis, en cui mes cuers se mire,
Salue moi Jofroi le mire,
Quar bien doi a li congié prendre :
Jo sui ses hon, il est mes sire.
Bien ai prové sen maïstire :
Nus hon ne l'en porroit aprendre. 306
Mout li covint grant paine rendre
A ma car sauder et reprendre
Qui tant est de foible matire :
Coment osa il entreprendre
Tel teste a roisnier et a fendre,
Qui ert mauvaise tote entire ? 312

### XXVII.

Anuis, qui me joie as destruite,
D'Aliaume Piedargent m'acuite :
Va, si le me salue encore,
Quar metre m'estuet a le fuite
Et tote joie clamer cuite
Qui m'a nori duskes a ore ; 318
Mais cheste povretés me dore
Quar jo sai bien que Deus restore
Qui en grache prent cheste luite.
Or primes doi men sens desclore,
Le cuer ovrir et les ieus clore,
Quar il m'ajorne et si m'anuite. 324

### XXVIII.

Bauduïn Fastol, or m'enplaide
Une ochoison honteuse et laide,
Qui me fait guerpir men estage :
Joie qui m'a cueilli en faide
Ne m'a riens presté en manaide,
Ains a de moi pris doble gage. 330
Kier m'a vendu sen avantage,
Mais je tieng a preu le damage
Qui chi me nuist, s'il aillors m'aide :
Bone esperanche m'assoage
De le grant joie a iretage
O cascuns a quanqu'il sohaide. 336

### XXIX.

Pitiés, va la o jo ne vois,
Congié prendre as Piedargentois :
Con plus les ain, plus les eskiwe.
Robert, chil Deus en cui tu crois,
Il te laist bien porter te crois
O jo ne puis porter le miwe ! 342
Remés sui dedens le banliwe ;
Paien ont de moi ferme triwe,
Mais se Deus fust assés cortois,
Tant m'eüst viaus presté s'aiwe
Qu'en le tere qui ja fu siwe
Eüsse fait un serventois. 348

---

293 B Ne G ostes B *x* oublies — 294 B Que sa pr. mert — 296 A De mon escrit nerent plane B *x* De mon escrit ne seront fors — 300 B mame de
301 G Pities A *x* qui en men cuer — 302 F Salues — 303 B Que — 304 A il est mes hom — 306 G ne men — 307 F couient — 311 G Tel tes a
314-315 *Ces deux vers sont remplacés dans A G par les vers suivants :* Salue moi et si macuite Aliaume piedargent encore — 316 A Cor mestuet torner — 318 C E de si F de chi — 320 C E F Que B je croi B estore G mestore — 321 G Que jen — 322 B Emproier *x'* vüeil mon
325 A Baude A ore B mout men — 327 *x* G ma fait *x* cangier — 330 B a pris de moi — 331 B Bien — 333 B et aillors G se aillors — 336 F O *manque* B ce se souhaide
337-348 G *la strophe manque (feuillet déchiré)* — 337 E F Congie — 339 A esquie — 340 *x* Simon B la ou tu — 341 B la crois — 342 B Lau — 343-344 *ces vers sont intervertis dans A* — 345 B fust auques — 346 A daiue — 347 F En

## XXX.

Coreciés et honteus et mas,
Comant a Deu Baude et Tumas,
Quar mout pris lor acostumanche :
Deus, qui tos biens acostumas,
Qui de te verge batu m'as,
Done lor vertu et poissanche    354
De maintenir lor bone enfanche !
De lor aïwe ere a fianche
S'aler peusse vers Damas ;
Mais remés sui par conissanche ;
Deus m'a contée me keanche,
Si m'a fait geter anbesas.    360

## XXXI.

Anuis qui en moi se desploie,
Qui m'amatit et asoploie,
Me semont par jor et par nuit
Qu'al siecle me toille et desvoie ;
Et hontes me maine et convoie,
Qui pieche a m'a pris en conduit ;    366
Quar en liu o il ait deduit
N'a mais a men ues siege vuit,
Ains preng congié con hon sor voie
A chelui cui sornons me fuit :
Quar grant diferenche a, jo cuit,
De Johan Duel a Gerart Joie.    372

## XXXII.

A vo congié, Waubers li Clers,
M'en vois malades et enfers,
Dont Deus tos nos amis defende !
Entiers m'avés esté et fers ;
Ainc vos avoirs ne me fu fers
Se j'oi mestier d'une provende :    378
Deus bon guerredon vos en rende
Et de moi tel venganche prende
Que li siens huis me soit defers ;
A sen cois en a pris amende,
Sans nul respas qu'al cors atende,
Quar jo fui entassés trop vers.    384

## XXXIII.

Puis que jo de l'aler m'esmuef,
N'en doi mie porter l'estuef :
Al congié prendre me racort.
Gerart d'Espaigne, or sont tuit nuef
Vo viés don, et si le vos pruef :
Revescu sont par cheste mort.    390
Quanqu'on m'a doné en deport
Tot soit en aumosne ressort.
Devant Deu vos biens vos repruef,
Qu'il a l'ame les vos restort :
N'ai plus bel don que vos aport
A bone estrine a l'an renuef.    396

## XXXIV.

A Deu comant le Monoier,
Chelui cui Deus puist envoier
Pooir de porsivir le coite,
Quar s'il ne pert par desvoier,

---

349 x' Corouceus — 351 B Et — 352 B qui les biens — 353 A Et de — 355 B De parsuir — 356 x en fiance — 357 B Aler — 359 F conte — 360 B Et ma

361-372 G *la strophe manque (feuillet déchiré)* B x Pities A en mon cuer desploie — 362 F Si — 364-365 F *ces deux vers manquent* — 365 A Et honte et anuis me conuoie x Et hontes qui me reconuoie — 366 x mont pris — 367 x il a — 368 B mais auec moi — 369 A Congie demenc — 370 A sonors F sor nos B A gerart qui

375 A x mes amis — 377 B x' Ains A vos osteus C Onques vos huis — 378 B Quant joi C Se partir voil a vo A *le vers manque* — 381 B Dont li A *le vers manque* — 382 B son cors C G son kieus B G lamende — 383 A respit E entende

385-396 B G (*feuillet déchiré*) *la strophe manque* — 385 F daler si — 389 A si les vous reproef — 391 C Kaucuns — 393 A aproef — 394 A D Qui A resort

397-408 G *la strophe manque (feuillet déchiré)* — 398 B auoier — 399 B Cil muet de parsuir A se c. — 400 B Se cil A nel pert

Bien se comenche a desploier :
Deus li laist se main tenir droite ! 402
Il a bien prise s'escueilloite :
En cho qu'onor aime et covoite
Li laist Deus se voie enploier,
Et tos chiaus avuec li d'aoite
Qui aideront a me cueilloite :
Quar trop crien al siecle anoier.  408

### XXXV.

Hé! maistre Renaut de Biauvais,
Ja est li siecles si mauvais :
Quar le fai si con tu le dis .
Trop longuement portes ten fais.
Alés m'en sui ; se tu t'en vais,
Mout sera Aras assordis :  414
De biaus contes et de biaus dis
Chertes il ert si rebondis
Qu'il n'i recoveront jamais.
Jo ne te loseng ne blandis,
Mais tos les lorgnes contredis :
Savoir dis et folie fais !  420

### XXXVI.

Waignet, mout plaing que tu ies teus
Que tos jors ies si diseteus ;
Quar t'esvigore et escaudis ;
Fai le que cortois et que preus :
Porte me crois, s'en aras deus.
Quar se tu ieres eslandis,  426
Tost seroies outre wandis
O a Barlete o a Brandis.
Chi ne pues tu estre eüreus ;
Fai te voie et moi escondis :
Se tu ies la por moi kaitis,
J'ier chi por toi maleüreus.  432

### XXXVII.

Hé! Nicoles li Carpentiers,
Conpains de bon aire et entiers,
A Deu ! quar de l'aler m'aprest.
Améement et volentiers,
Con se vos fuissiés mes rentiers,
Vos trovoie a men besoing prest.  438
Or n'i a autre tor que chest :
Vos en irés el haut conquest
O forbatus m'est li sentiers ;
Deus set qui bons pelerins est,
Qui s'aïwe a l'ame me prest,
Quar li cors gist sor les gantiers.  444

### XXXVIII.

Pitiés, salue de me part
Robert al Dent, li et Bernart,
Quar tos jors m'ont esté anbeure
Amiable et de bone part ;
Mais por peu le cuer ne me part
Dobles pensers qui me cort seure.  450
Joie et dolor en men cuer neure,
Ri et sospir, et cante et pleure ;

---

401 A Bien si B Bien le B emploier — 402 B tenir sa main — 403 F sa colloite B a prise bonne escuellete — 404 F A ce B sauoir aimme E El conour naime ne conuoite — 405 F Il E Dieus li laist — 408 G auoier.

409 A x' Ha F renier — 411 B Or — 413 A C D E se tu si fais F le vers manque — 414 x Trop seroit — 416 A Ert il certes si abaubis C E F Certes seroit D Seroit certes G Certes sera — 417 A Que ni D Qui ni E Qui lui x recouera — 418 F bose ne B losenge A le vers est le 419° et est remplacé ici par : La cites en vaura mout pris — 419 B escondis — 420 E Sauoirs dis et folies fais

422 A Et cades B Qui ies A G toz tans — 423 A x le fai si com tu le dis B ce vers· et le suivant manquent — 424 E le manque — 425 C Porte une x' Porten B Pren ma, si en — 426 A Se tu estoies B le vers manque — 427 B Que se tieres — 428 A x' barlet — 432 A B C D Gere .

433 A B E F Ha — 434 E G deboinaires entiers B ce vers manque — 437 F si vos — 439 A D G tort B ce vers manque — 440 x' en haut — 441 B Dont F forbaniz — 443 C E F nous prest D vous prest — 444 x G cors est

446 B et puis bernart — 447 B Qui E mout este — 449 F poi que *tous les mss. ont* li cuers — 450 F me cuers seure — 451 A Joie dolors qui G Por le mal qui — 452 x Plaing

A men sens et a men esgart
Sui jo et desos et deseure;
Li cors s'en va, l'ame demeure :
Ainsi remaing, ainsi m'en part. 456

### XXXIX.

Anuis, qui en men cuer abonde,
Salue moi a le reonde
Aras et tote le kemune,
Quar tote onor en aus soronde;
Mais de totes cheles del monde
Mar m'en salueras que une : 462
L'avoeresse de Betune,
Plus cortoise ne sai nisune :
Ch'est li dame de Tenremonde.
Deus qui le fist en plaine lune
Mete en li volenté aucune
Que se plenté en moi esponde. 468

### XL.

Pitiés, qui en moi iés esprise,
Ne sai qu'autre mès i eslise :
Porte al maieur d'Aras chest brief,
Fai tant qu'en devant li le lise;
Se Deu plaist et se gentelise,
Ja en li ne perdrai men fief. 474
Et as eskevins de rekief
Le fai lire de kief en kief,
Tant que pitiés lor en soit prise;
Quar se j'ai anui et meskief,

Par raison lor doit estre grief :
Avenu m'est en lor servise. 480

### XLI.

Seignor, ainchois que jo m'en aille,
Vos proi a cheste definaille
Por Deu et por nativité
Qu'entre vos fachiés une taille
A parfornir cheste bataille
Dont cascuns doit avoir pité. 486
Mout m'ariés bien aïreté,
S'a Miaulens m'aviés boté;
Jo ne sai maison qui le vaille;
Pieche a m'a li lius delité,
Quar gent i a de carité :
Bien me sofiroit lor vitaille. 492

### (XLII.)

*Dame, cui Dieus est pere et fis,*
*Veuilliez que ne soit desconfis*
*Mes cuers, quoi qu'il me mesaviengne;*
*Car je sui de ce trestout fis*
*K'en rien ne gist tant mes porfis*
*K'en ce que je si me maintiengne* 498
*Que en vo service me tiengne.*
*Plaise vous qu'ainsi m'en aviengne*
*Et que adès soit ententis*
*Mes cuers, quels que mes cuers deviengne,*
*Que tout adès li ressouviengne*
*Et d'enfer et de paradis.* 504

---

455 B Mes cuers, li cors — 456 D Ainsi men vois E F Ensi demeure B Ainsi sen va ainsi sem part
457-468 B *la strophe manque* — 457 x' Pities — 460 F en sans abonde A G Mais de totes cheles [A dames] del monde — 461 C Mais seur A Si con il clot a la reonde G Si con il est a la reonde — 462 C Vueil que tu men salues une — 463-464 *ces vers sont intervertis dans* F — 464 A nen i a une D nen sai nis une G ne sai que une — 466 x en prime — 468 A Que de ses biens x Que sa bonte sor moi abonde
469 F sor moi A reprise B ot en moi reprise — 470 F que autre mais les lise — 471 C G ce F chest *manque* — 472 C E F ke deuant soi B D ke deuant li — 474 D en aus G Ja ne p. par li — 475 A As eskeuins tout — 477 B lor sera prise — 478 B Que se, ne — 480 B Cauenu
484 B C D fetes — 485 B Por parfiner F Et por fornir — 486 B Dont li mons — 487 B herite — 489 B Que C Ne sai maison qui mieus me vaille — 491 B Que — 492 A Si me x Se mi B Bien me soffira x la vitaille
493-504 *La strophe n'existe que dans* C

## (XLIII.)

Dame, en cui sont tout bien logié,
A vo candoille pren congié
Que donnastes as jougleours ;
A li baisier ai renoncié
Par un mal qui si m'a blecié
K'aler me couvient les destours.       510
Dusk'a li n'iert mais mes retours ;
Mais m'amour li laisse a tous jours,
Et quant iere ou petit marchié,
De moi iert baisie la tours
Ou establis est ses sejours ;
S'avrai cuer mains mesaaisié.          516

## (XLIV.)

Hé ! menestrel, douch compaignon,
Ami m'avez esté et bon
Comme trés fin loial confrere ;
A pourchacier ma garison,
M'avez fait amour et raison
Plus que se tout fuissiez mi frere :   522
Dieus vous en soit guerredonnere
Et sa trés doce chiere mere
Qui a vous a fait le haut don ;
Priiés que sa largece pere
En moi : par quoi prie a son pere
Et a son fill pour moi pardon.         528

## (XLV.)

A Dieu vous veuil tous commander
Ensamble, sans cascun nommer,
Car n'i a nul dont je me plaigne,
Ains m'en lo mout et doi loer ;
De vous me couvient eschiver
Comment que li cuers m'en destraigne.
Avoec mout diverse compaigne           535
M'estuet que je me racompaigne :
Or m'i doinst Dieus si endurer
Le mal qui le mien cors mehaigne
Que par [le] prendre en gré ataigne
A Dieu m'ame representer.              540

## (XLVI.)

Mout bonement m'a Dius presté
Sens et engien par sa bonté
De recorder le bon usage
D'un baron qui par sa bonté
A en sa vie conquesté
Paradis, ce dient li sage :            546
Il commencha en joene eage
Diu a servir de bon corage,
Tiere guerpi et hireté
Et vescui en un hermitage
De viande povre et sauvage
Dont il n'avoit nouris esté.           552

## (XLVII.)

Li plus gentius ki soit en France
Et ki lignie avoit plus france,
Demoutra bien par grant francise
Qu'il fu souffrans de grant souffrance.
Estre en doit sainte ramenbrance
Tout par tout contée et reprise.       558
Il franci s'ame de francise :
Sa volentés fu si esquise
Qu'il n'i remest mauvaise brance :
De quanqu'il pot fist Dieu servise,
Si que sa chars fu toute mise
En grant souffraite d'abondance.       564

---

505-516 *La strophe n'existe que dans* C
517-528 *La strophe n'existe que dans* C
529-540 *La strophe n'existe que dans* C
541-552 *La strophe existe seulement sans variante dans* x"
553-564 *La strophe existe seulement sans variante dans* x" — 562 seruice —
564 souffrance

## GLOSSAIRE.

*Les numéros précédés de* p. *renvoient aux pages de la notice ; les autres à la numérotation des vers.*

Abaubir 141, *rendre bègue, faire perdre l'usage de la parole, stupéfier.*
Afaitier (s') 169, *s'adresser.*
Aliegre 185, *dispos, en bonne santé.*
Amatir 362, *accabler.*
Anbesas (geter) 360, *jeter le double as (aux dés), au fig. avoir mauvais jeu.*
Anbeure 447, *tous deux.*
Aoise 273, 1re *pers. subj. prés. de* aoire, *augmenter (forme bizarre).*
Aoite (d') 406, *en plus, par surcroît.*
Aras 414, 459. — Le castelain d'— 194 (Hue de S. Omer), p. 221.
Assoagier 334, *soulager.*
Aüner (s') 260, *s'assembler.*
Barlete 428, *Barletta (en Italie, sur l'Adriatique).*
Baude 350, p. 216, 221. — Voy. aussi Canpions et Fastol.
Baudel 157, *joie bruyante.*
Bauduïn (fils du châtelain d'Arras) 195.
Berart (*différents mss. portent* Bernart *et* Gerart) 265, p. 221.
Bernart, voy. Berart.
Bertel, 73, p. 221.
Bertran 293, p. 220 (*peut-être est-ce un Bertran* Verdiere ?)
Bestorner 189, *mal tourner.*
Betune (l'avoeresse de) 463, p. 219.
Biaumés 122, *Beaumetz (Pas-de-Calais)* — le Castelain de — 124, p. 221.
Biaumont, Ansel et Wibert de — 160, p. 219.
Biaurain 167, [*léproserie de*] *Beaurains*, p. 217.
Biauvais (maistre Renaut de) 409, p. 221.
Bogier (Henri), *se trouve dans un ms. à la place de* Henri le Noir.

Bolart (Baude) 278, p. 221.
Bondie (joer de) 7, *se moquer, jouer par en dessous, allusion au jeu de paume où le coup de* bond *est opposé à la* volée. *Cf.* Ste-Pal., Bond.
Bosket (Johan) 16, p. 220.
Brandis 428, *Brindisi (ville d'Italie).*
Canpions (Baude des) 253-254, p. 221.
Carete (boter a la), 208, *pousser, au figuré aider.*
Carpentier (Nicole le) 433, p. 221.
Castelain (le), voy. Aras et Biaumés.
Clerc (Waubert le) 373, p. 221.
Coite 399, *désir pressant.*
Cosset (Mahiu) 110, p. 220. — (Robert —) 109, p. 220.
Covenir (al) 94, *comme cela se pourra.*
Cueilloite 407, *collecte, quête.*
Cuete 162, *couette.* Prov. : (metre) de cuete en estrain.
Cuivre 285, *tribulation.* Voy. W. Fœrster, *Chev. aus d. esp.* 400-1.
Daerraine (canter se) 270, *chanter sa dernière* [*chanson*], *au fig. en finir avec la gaîté.*
Damas 357.
Defers 381, voy. Fers.
Definaille 482, *fin.*
Dent (al) Bernart — 446, p. 220 ; — Jaques — 205, p. 220 ; — Robert — 446, p. 220.
Despire 78, *mépriser.*
Despoise 276, *alliage.*
Disier (Simon) 37, p. 221.
Disme (oblié a) 203, [*blé*] *laissé comme dîme* [*et exposé à pourrir*], *au fig.*
Dorer 319, *enrichir.*
Durant (Simon ou Huon) 224, p. 221.
Enferm 272, 374, *malade ;* enferme viande 186, *vivres gâtés.*

Enfreté 77, 151, *maladie.*
Enpointe (faire une) 122, *faire une [pointe.*
Entait 172, *mis en train.*
Entassé 384, *mis en tas (en parlant du blé qui se pourrit dans cet état), au fig.*
Enviail 119, *enjeu, acte de mettre de l'argent au jeu.*
Escaudir 423, *échauffer.*
Escueil 248, *élan, départ.*
Escueillir 175, *lancer.*
Escueilloite (prendre s') 403, *prendre son élan.*
Esfronter 66, *décourager.*
Eskeule 136, 3ᵉ *pers. ind. prés. de* escouler, *fuir, échapper à.*
Eslandir 426, *exiler.*
ESPAIGNE (Gerart d') 388, p. 220.
Espondre 468, *manifester.*
Estage (guerpir son) 327, *déménager, au fig.*
Estanchier 214, *au fig. apaiser.*
Esteule 137, *chaume.* PROV. : De dru forment en vuide esteule.
Estoper 133, *fermer, boucher.*
Estrain 162, *paille.* Voy. Cuete.
Estuef 386, *balle de paume. L'expression* enporter l'estuef *paraît signifier : s'en aller sans prendre congé.*
Faide (coeillir en) 328, *déclarer la guerre à.*
Fardel 168, *botte (d'herbe)*; pori o —, *au fig. (même image qu'au v. 384).*
FASTOL (Bauduïn [ou Baude]) 325, p. 217, 220, 221.
Fernier 196, *ensorceler.*
Fers ; 1° 376, *cas sujet de* firmus, *fidèle, ferme en amitié.* — 2° 377, *adj. verbal du verbe fr.* fermer, *fermé; de même* defers *au v.* 381.
Fiever, 44, *au fig. inféoder.*
Forbatu 441, *interdit.*
FORT (Mahiu le) 295, p. 221.
Gantier 444, *chantier (pièce de bois).* Voy. Littré, chantier 1.
GERART, voy. BERART.
Gerne 204, 3ᵉ *pers. ind. prés. de* gerner, *germer.*
Graindre 143, *plus grand (au cas sujet).*

HUE DE S. OMER (*châtelain d'Arras*), 194, p. 221.
HUKEDEU (Vaast) 97, p. 216, 220.
Iverner 197, *faire hiver (impers.).*
JOFROI 302 (*médecin de Bodel*), p. 221.
JOIE (Gerart) 372, p. 221.
Keanche, *point obtenu en jetant les dés; au fig.* 75, *chance.*
Lime 202, *peine.* Cf. Ste-Pal., Lime et Limer.
Livre (aprendre ton) 277, *au fig. élever à ton école.*
LOCART (Robert) 135, p. 220.
Loire 166, *leurre : au fig.* mostrer loire et reclain, *appeler et réclamer.*
Lorgne 419, *louche, àu fig.*
Luite 321, *assaut.*
Lune (faite en plaine) 466, *à l'époque la plus favorable pour prospérer.*
MAHIU 163, p. 219.
Main (estre a) 14, *être à la portée, à la disposition.*
Maïstire 305, *science.*
Male (torser sa) 88, *au fig. se préparer à partir.*
Manaide *grâce, merci ;* en — 329, *à titre gracieux.*
Merele (traire de) 84, *jouer aux marelles, pris au figuré.*
Mesaler 96, *être gâté, corrompu.* Cf. Du Cange, Mescalia, et Ste-Pal., Mesalé. *Ce verbe composé d'*aler *a ici une conjugaison analogique.*
Mesestanche 212, *mauvais état.*
Meskeanche 172, *mauvaise chance.* Voy. Keanche.
MIAULENS 167, 488, [*léproserie de*] Meulan, p. 217.
MONOIER (le) 397, p. 221.
Muse (recomander la) 154, *loc. sans doute analogue à* donner la muse, *se moquer.*
Movoir 130 (*verbe neutre*); de sens li muet, *cela lui vient de sens.*
Nape (tenir) 95, *au fig.*
Nasse (avoir en la) 262, *pêcher, au fig. avoir par le sort.*
Neure 451, 1ʳᵉ *pers. sing. ind. prés. de* norir.

Noir (Henri le) 169, p. 220.
Orinal 116, *vase de nuit (pris au sens dépréciatif)*.
Passe avant 41, *nom de la bannière de* Simon Disier.
Piédargent (Aliaume) 314, p. 220.
— (Robert *ou* Simon) 340, p. 220.
Piédargentois 338, *les membres de la famille* Piédargent; *voy. ce mot*.
Piere (Tiebaut de le) 61, p. 221.
Pire 80, *grand chemin (formé de* piere, *lat.* \*petricus). Cf. Jahrb. X, 263, XI, 152. *La loc.* gaitier le pire *n'a pas de sens bien défini*.
Poil (contre) 199, *à rebours*.
Quaresmel 165, *Mardi-Gras :* [de joie prendre son] quaresmel, *prendre sa grasse part de joie*.
Ravuïn (Raol) 229 *(maire d'Arras)*, p. 219, 220.
Rebondi 416, *retentissant*.
Reclain 166 *(terme de fauconnerie), rappel de l'oiseau.* Voy. Loire.
Rentier 437, *débiteur de rente*.
Renuef (a l'an) 396, *au nouvel an*.
Repaier (se) 81, *s'apaiser, se réconforter*.
Repoint 121, *excité, hostile*.
Reponaus (joer a) 114, *jouer à cache-cache, au fig. se cacher, vivre à l'écart*.
Repus 151, *caché*.
Respas 383, *guérison*.
Respasser 263, *guérir*.
Reter 209, *accuser*.
Retraite (cop de) 173 *(terme d'escrime), coup de revers*. Cf. Gachet.
Rewaïme 1<sup>re</sup> *pers. ind. prés. de* rewaïmer (regaîner) 199, *produire la nouvelle couche d'herbe, le regain, au fig.*
Rimer 198, *geler blanc*.

Roisnier 311, *trépaner*.
Ruise 9, *subj. près. de* rover, *demander (la forme ordinaire est* ruisse).
Saint Juri 159, *église ancienne de Saint-Géry à Arras*.
Sale (Wibert de le) 89, p. 221.
Salerne (li mire de) 201, *les médecins de l'école de Salerne*.
Sarasin (le) 108 *(c'est peut-être le nom d'un artésien)*, p. 221.
Siu 117, *suif.* Prov. : Tost a cangié chire por siu.
Soros 93, *suros, tumeur osseuse*.
Sosfraindre 257, 283, *manquer*.
Sosfraite 177, *indigence*.
Sotemont (Bauduin) 51, p. 221.
Tenremonde (la dame de) 465, *voy.* Betune.
Topoie 175, *toupie*.
Torner 158 *(en parlant d'un* chaudeau), *retourner, renverser*.
Triwe 149, 344, *trève*.
Tumas 350, p. 216.
Veule 134, *léger, frivole*.
Viaus 346, se viaus non 269, *tout au moins*.
Viés 29, *vieux :* onques ne lor sambloie viés, ils ne se lassaient pas de moi, je leur paraissais toujours nouveau. Cf. Durmart v. 284, *où il faut lire* viés *et non* niés *avec M. W. Fœrster, qui prétend que* viés *n'aurait aucun sens*.
Waigniet 421, p. 216, 220.
Wandir 427, *tourner*.
Warin 241 *(jongleur)*, p. 221.
Wasket (Pieron) 220, p. 221.
Werri (Robert) 145, p. 220.
Wisternave (Baude) 182, p. 220.
Vrediere (Martin), 291, p. 220. *Voy.* Bertran.

---

Imprimerie Daupeley-Gouverneur, à Nogent-le-Rotrou.

www.ingramcontent.com/pod-product-compliance
Lightning Source LLC
Chambersburg PA
CBHW060523050426
42451CB00009B/1131